KU-081-418

Meinir Wyn Edwards a Sioned Glyn

Argraffiad cyntaf: 2012

© Hawlfraint Meinir Wyn Edwards, Sioned Glyn a'r Lolfa Cyf., 2012

Mae hawlfraint ar gynnwys y llyfr hwn ac mae'n anghyfreithlon i
lungopïo neu atgynhyrchu unrhyw ran ohono trwy unrhyw ddull ac
at unrhyw bwrpas (ar wahân i adolygu) heb gytundeb ysgrifenedig y
cyhoeddwyr ymlaen llaw

Cyhoeddwyd dan nawdd
Cynllun Adnoddau Addysgu a Dysgu CBAC
Noddwyd gan Lywodraeth Cymru

Cynllun y clawr: Sioned Glyn

Rhif Llyfr Rhyngwladol: 978 1 84771 453 4

Cyhoeddwyd ac argraffwyd yng Nghymru
gan Y Lolfa Cyf., Talybont, Ceredigion SY24 5HE
gwefan www.ylolfa.com
e-bost ylolfa@ylolfa.com
ffôn 01970 832 304
ffacs 832 782

CYNNWYS

CYMRU

Cymru

Groeg

GROEG

12 TASG HERCIWLES

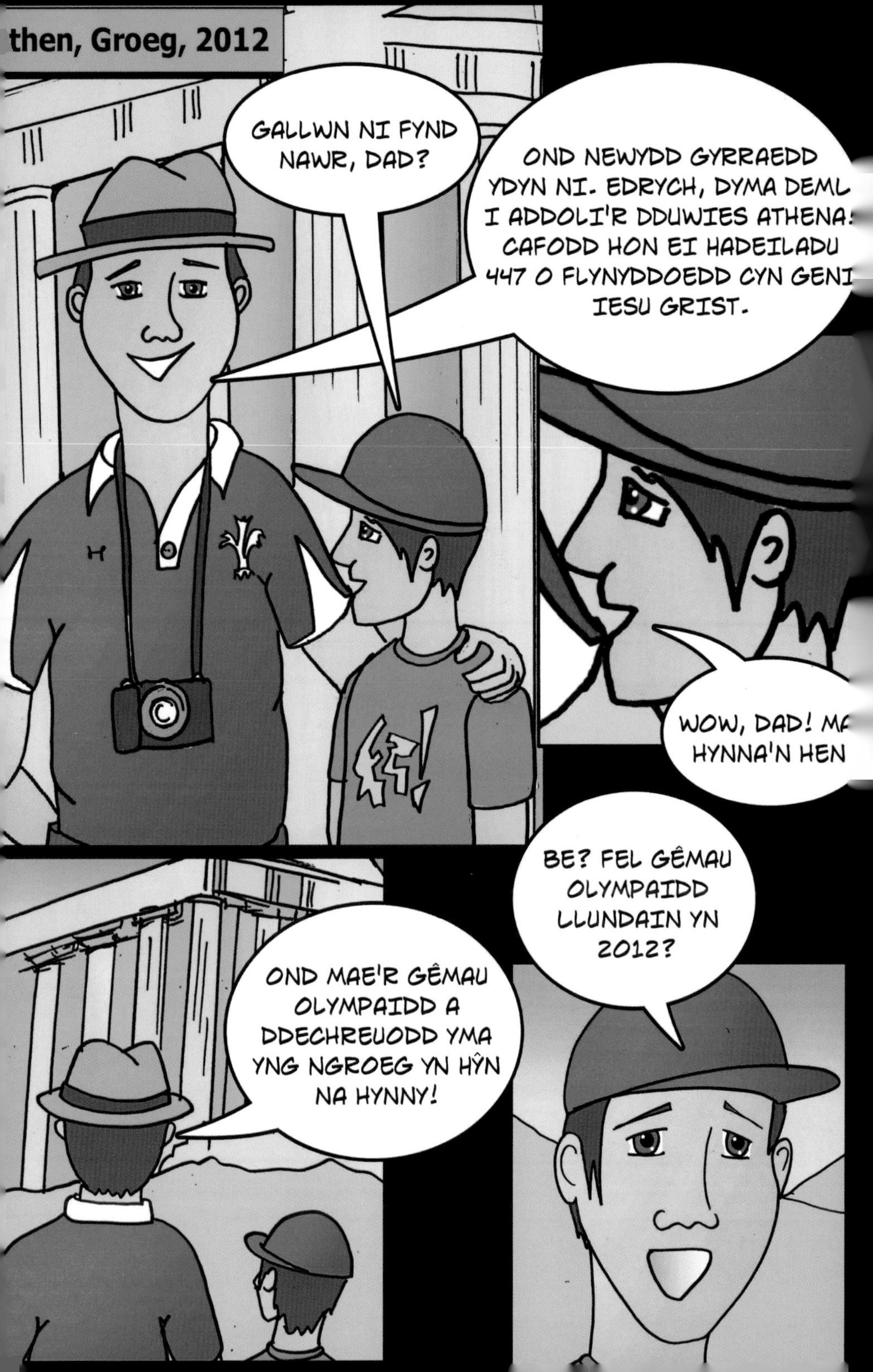
then, Groeg, 2012
GALLWN NI FYND NAWR, DAD?
OND NEWYDD GYRRAEDD YDYN NI. EDRYCH, DYMA DEML I ADDOLI'R DDUWIES ATHENA CAFODD HON EI HADEILADU 447 O FLYNYDDOEDD CYN GENI IESU GRIST.
WOW, DAD! MA HYNNA'N HEN
BE? FEL GÊMAU OLYMPAIDD LLUNDAIN YN 2012?
OND MAE'R GÊMAU OLYMPAIDD A DDECHREUODD YMA YNG NGROEG YN HŶN NA HYNNY!

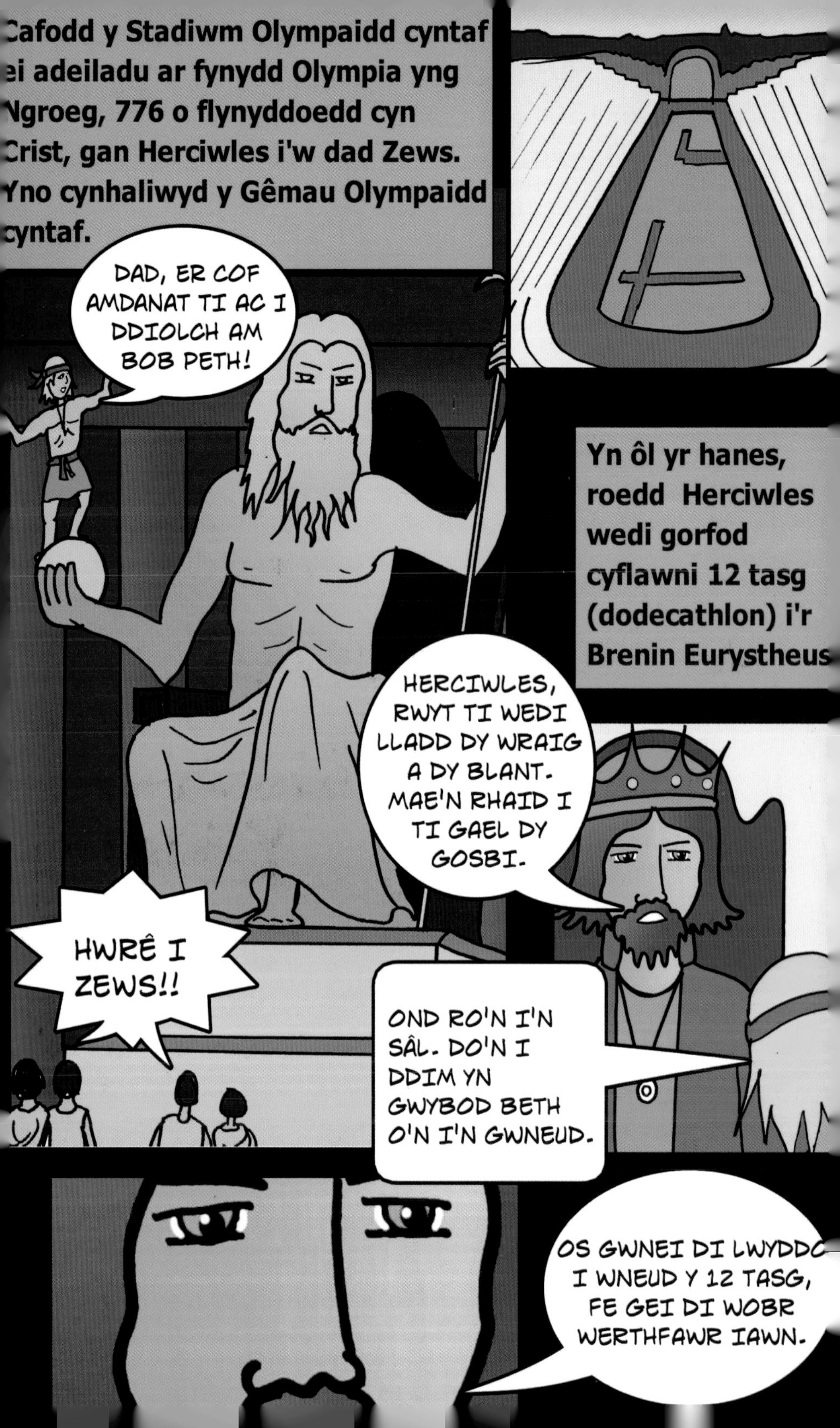
Cafodd y Stadiwm Olympaidd cyntaf ei adeiladu ar fynydd Olympia yng Ngroeg, 776 o flynyddoedd cyn Crist, gan Herciwles i'w dad Zews. Yno cynhaliwyd y Gêmau Olympaidd cyntaf.
DAD, ER COF AMDANAT TI AC I DDIOLCH AM BOB PETH!
HWRÊ I ZEWS!!
Yn ôl yr hanes, roedd Herciwles wedi gorfod cyflawni 12 tasg (dodecathlon) i'r Brenin Eurystheus
HERCIWLES, RWYT TI WEDI LLADD DY WRAIG A DY BLANT. MAE'N RHAID I TI GAEL DY GOSBI.
OND RO'N I'N SÂL. DO'N I DDIM YN GWYBOD BETH O'N I'N GWNEUD.
OS GWNEI DI LWYDD I WNEUD Y 12 TASG, FE GEI DI WOBR WERTHFAWR IAWN.

lly, dyma Herciwles yn mynd ati o ddifri i wneud y 12 tasg. edd yn barod i wynebu unrhyw beth er mwyn cael addeuant am ladd ei deulu.

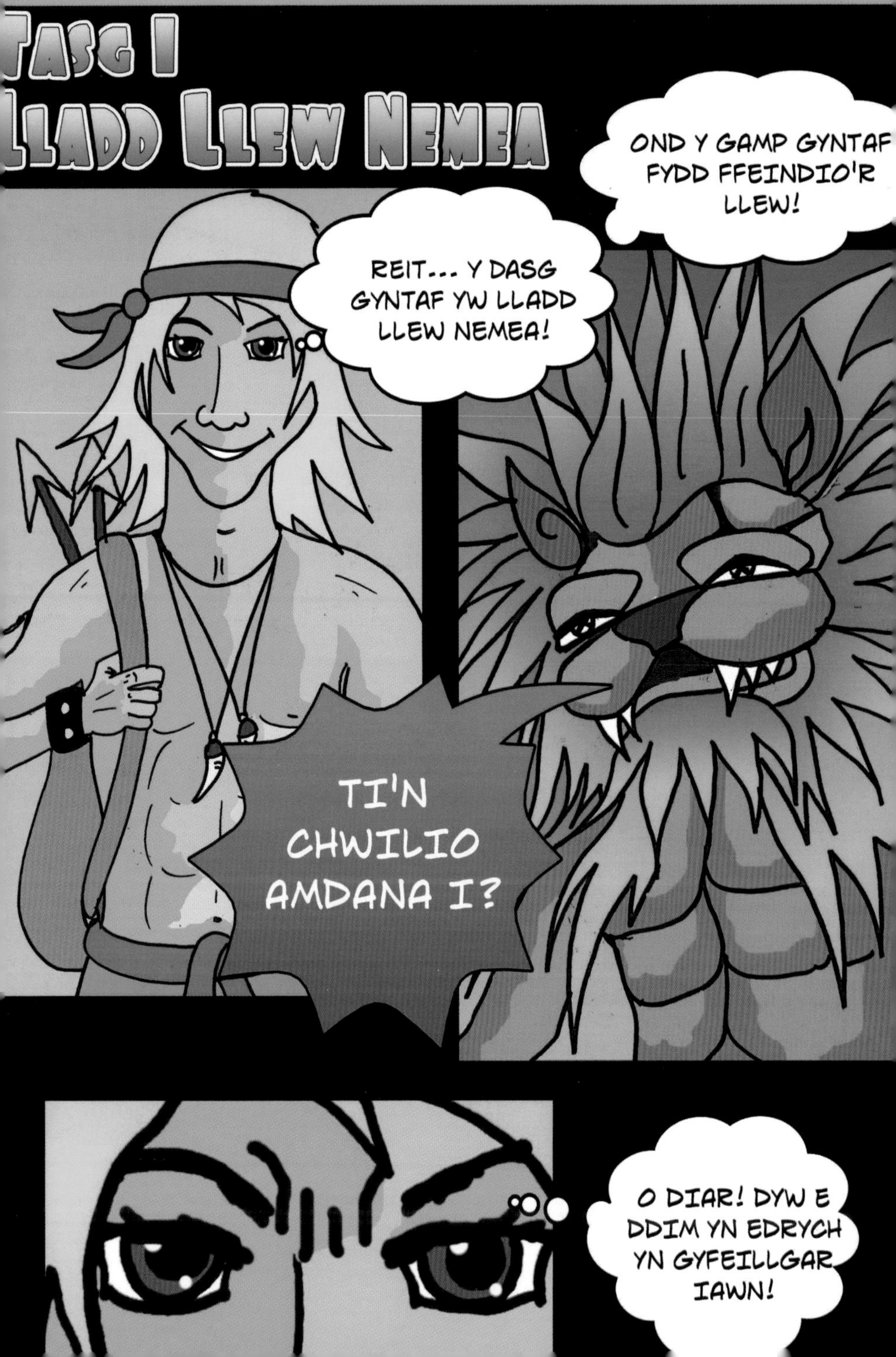

TASG I
LLADD LLEW NEMEA
REIT... Y DASG GYNTAF YW LLADD LLEW NEMEA!
OND Y GAMP GYNTAF FYDD FFEINDIO'R LLEW!
TI'N CHWILIO AMDANA I?
O DIAR! DYW E DDIM YN EDRYCH YN GYFEILLGAR IAWN!

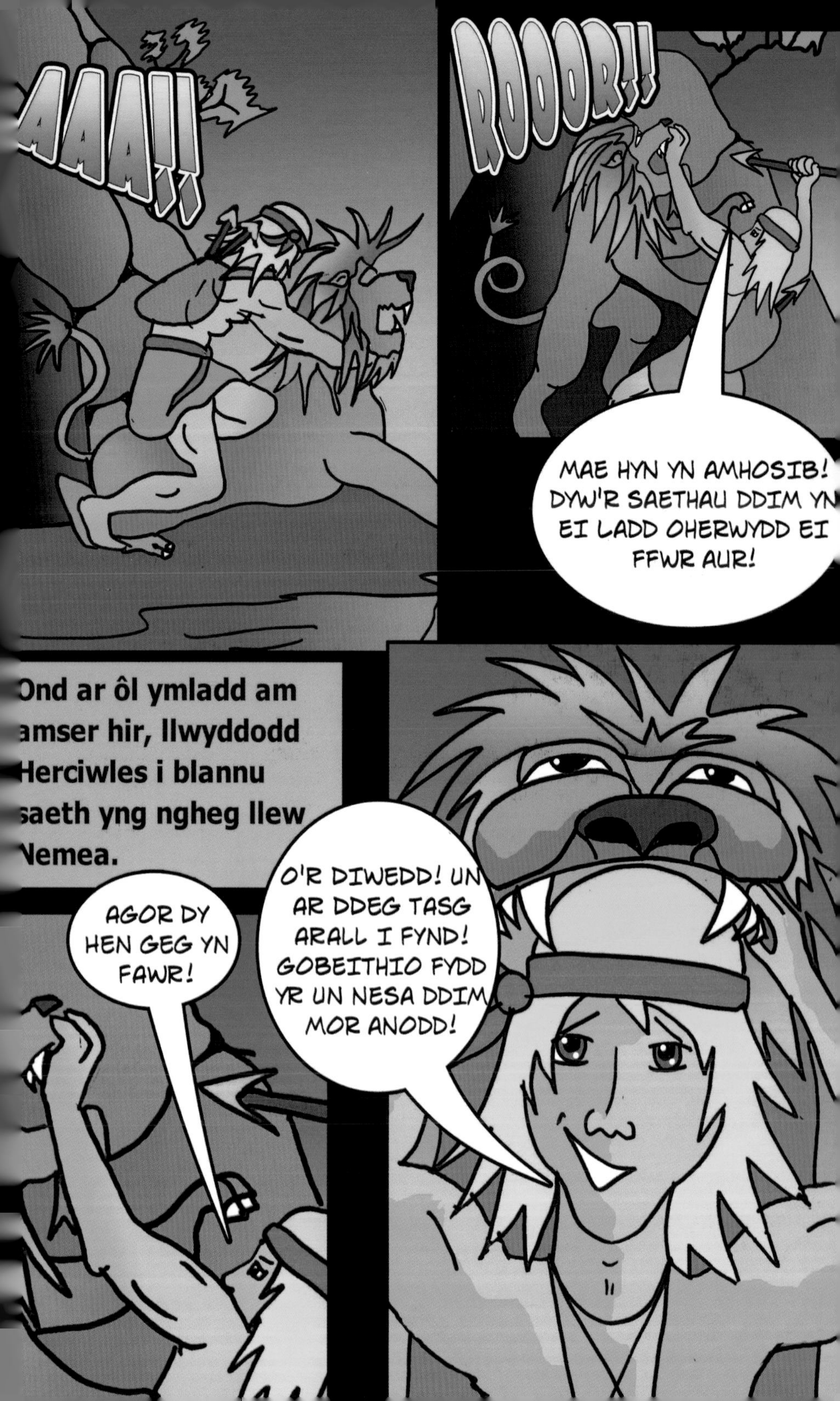

AAA!!
ROOOR!!
MAE HYN YN AMHOSIB! DYW'R SAETHAU DDIM YN EI LADD OHERWYDD EI FFWR AUR!
Ond ar ôl ymladd am amser hir, llwyddodd Herciwles i blannu saeth yng ngheg llew Nemea.
AGOR DY HEN GEG YN FAWR!
O'R DIWEDD! UN AR DDEG TASG ARALL I FYND! GOBEITHIO FYDD YR UN NESA DDIM MOR ANODD!

TASG 2
Lladd Sarff Llyn Lerna

O dan dŵr Llyn Lerna roedd ogof yn arwain i'r Isfyd.

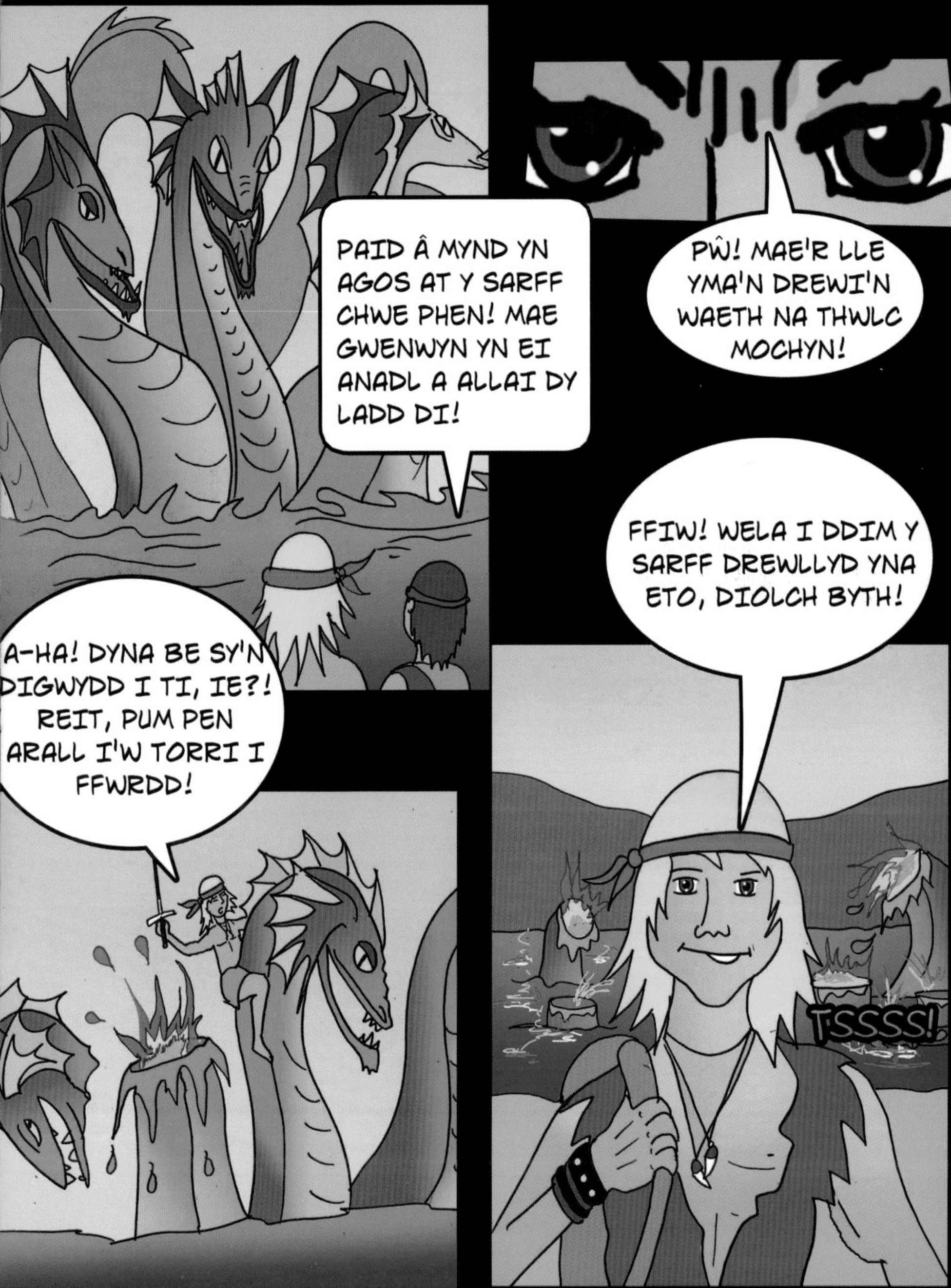

PAID Â MYND YN AGOS AT Y SARFF CHWE PHEN! MAE GWENWYN YN EI ANADL A ALLAI DY LADD DI!
PŴ! MAE'R LLE YMA'N DREWI'N WAETH NA THWLC MOCHYN!
A-HA! DYNA BE SY'N DIGWYDD I TI, IE?! REIT, PUM PEN ARALL I'W TORRI I FFWRDD!
FFIW! WELA I DDIM Y SARFF DREWLLYD YNA ETO, DIOLCH BYTH!
TSSSS!

TASG 3
DAL CARW CERYNEIA

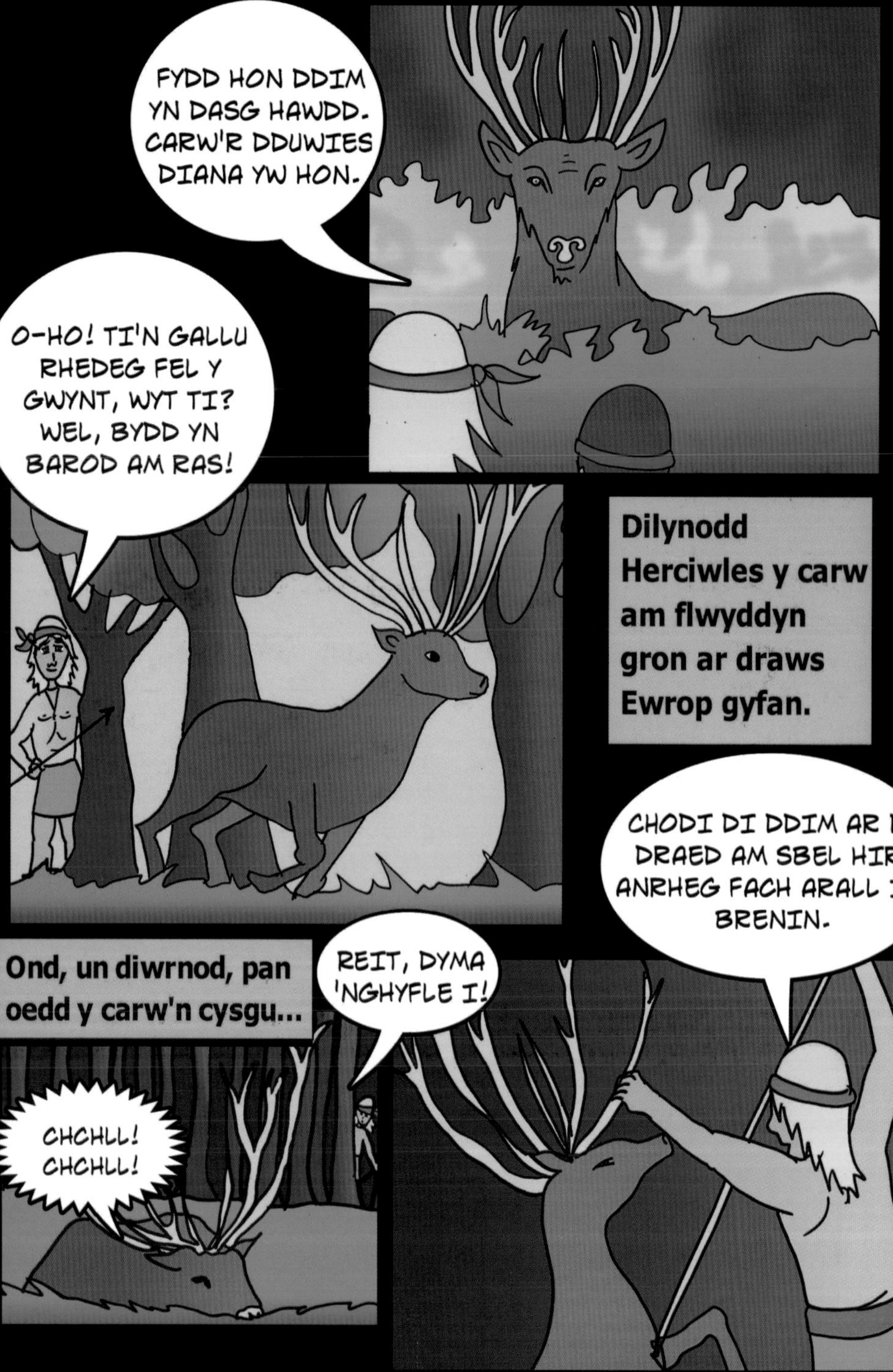

FYDD HON DDIM YN DASG HAWDD. CARW'R DDUWIES DIANA YW HON.
O-HO! TI'N GALLU RHEDEG FEL Y GWYNT, WYT TI? WEL, BYDD YN BAROD AM RAS!
Dilynodd Herciwles y carw am flwyddyn gron ar draws Ewrop gyfan.
Ond, un diwrnod, pan oedd y carw'n cysgu...
CHCHLL! CHCHLL!
REIT, DYMA 'NGHYFLE I!
CHODI DI DDIM AR DRAED AM SBEL HIR ANRHEG FACH ARALL BRENIN.

DAL BAEDD ERYMANTHIA

Roedd baedd cas wedi bod yn rhedeg yn wyllt yn y mynyddoedd ers blynyddoedd. Roedd sawl un dewr wedi ceisio ei ddal ond wedi methu.

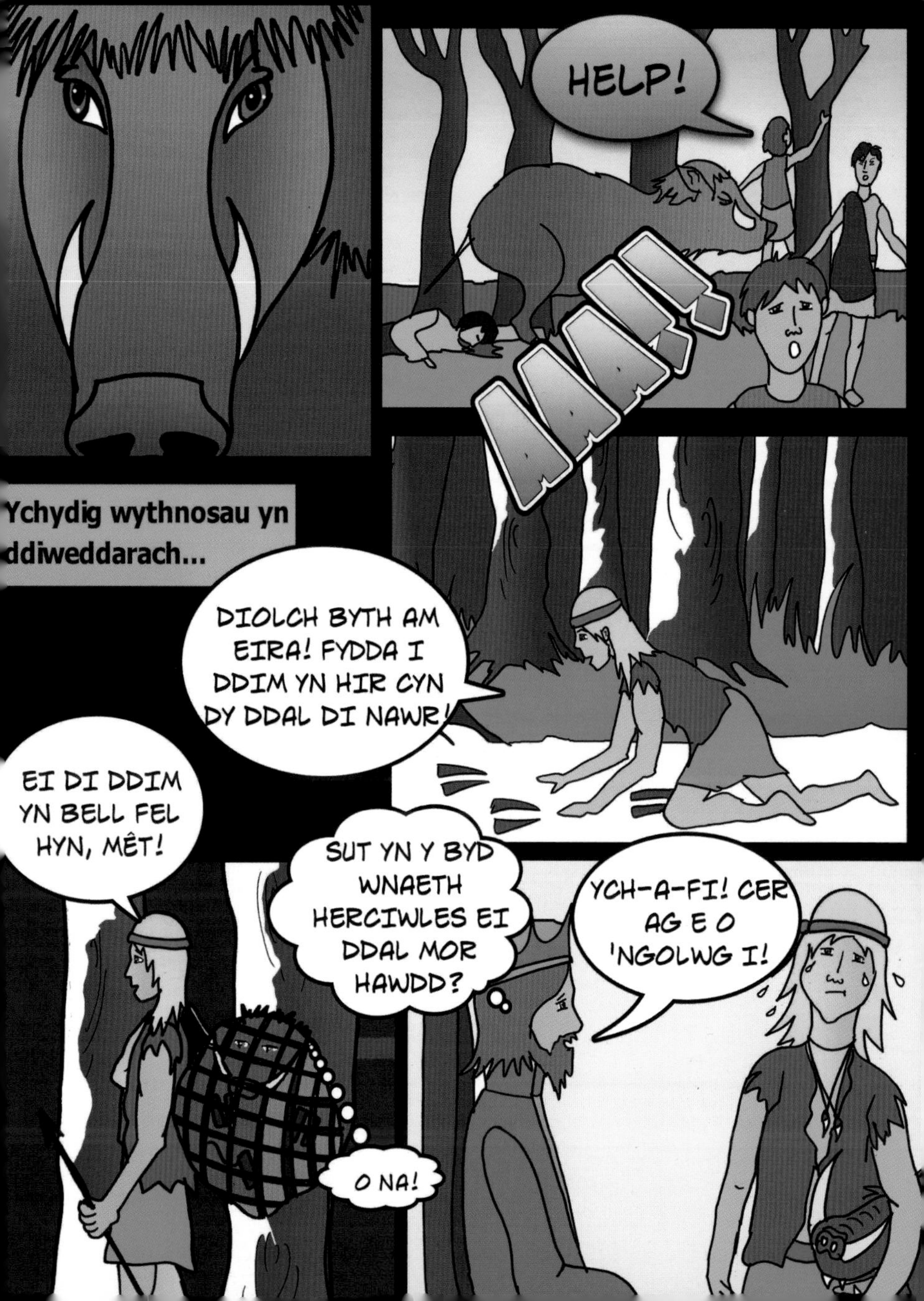
HELP!
Ychydig wythnosau yn ddiweddarach...
DIOLCH BYTH AM EIRA! FYDDA I DDIM YN HIR CYN DY DDAL DI NAWR!
EI DI DDIM YN BELL FEL HYN, MÊT!
SUT YN Y BYD WNAETH HERCIWLES EI DDAL MOR HAWDD?
O NA!
YCH-A-FI! CER AG E O 'NGOLWG I!

GLANHAU STABLAU BRENIN AUGEAS

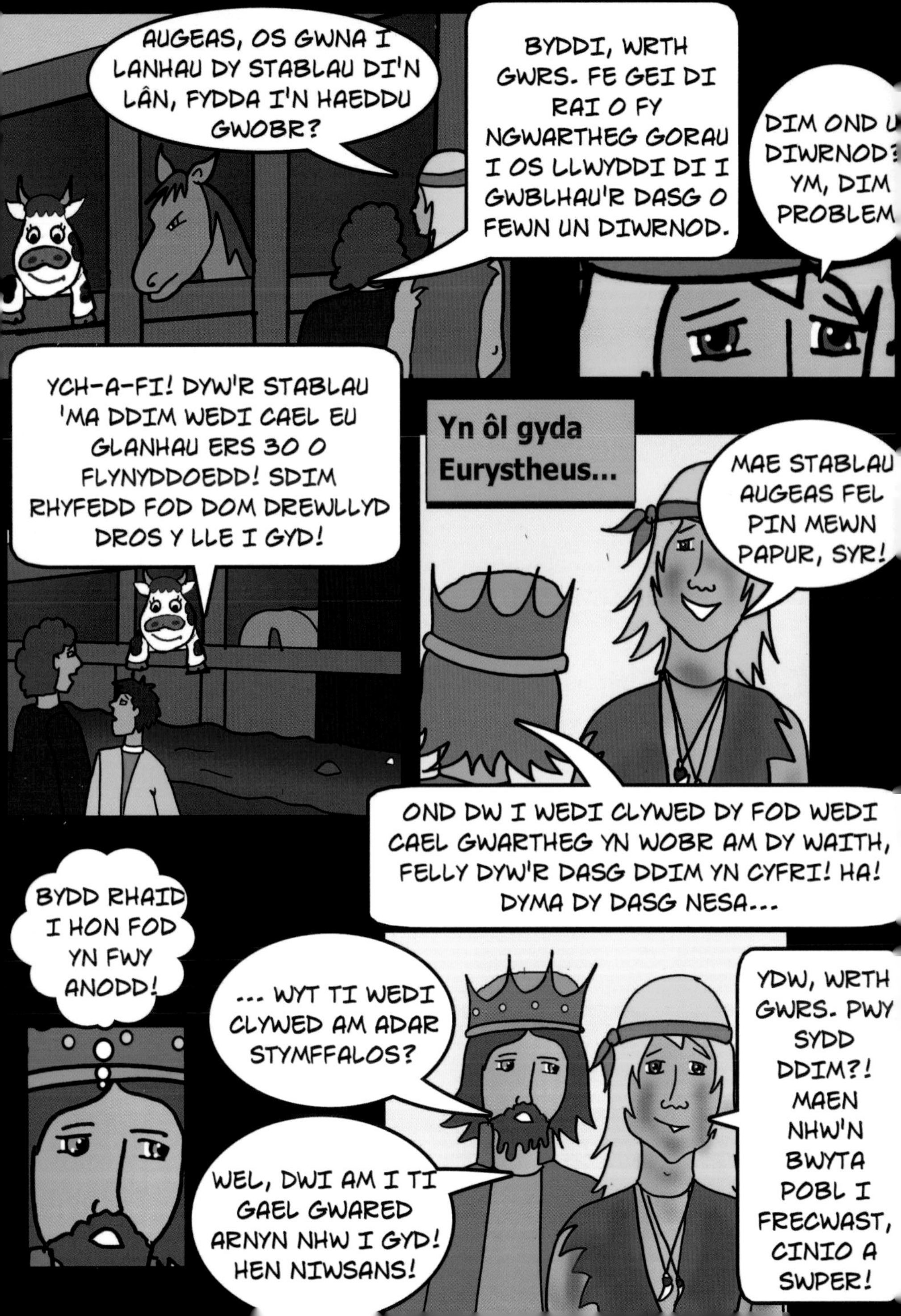
AUGEAS, OS GWNA I LANHAU DY STABLAU DI'N LÂN, FYDDA I'N HAEDDU GWOBR?
BYDDI, WRTH GWRS. FE GEI DI RAI O FY NGWARTHEG GORAU I OS LLWYDDI DI I GWBLHAU'R DASG O FEWN UN DIWRNOD.
DIM OND U DIWRNOD? YM, DIM PROBLEM
YCH-A-FI! DYW'R STABLAU 'MA DDIM WEDI CAEL EU GLANHAU ERS 30 O FLYNYDDOEDD! SDIM RHYFEDD FOD DOM DREWLLYD DROS Y LLE I GYD!
Yn ôl gyda Eurystheus...
MAE STABLAU AUGEAS FEL PIN MEWN PAPUR, SYR!
OND DW I WEDI CLYWED DY FOD WEDI CAEL GWARTHEG YN WOBR AM DY WAITH, FELLY DYW'R DASG DDIM YN CYFRI! HA! DYMA DY DASG NESA...
BYDD RHAID I HON FOD YN FWY ANODD!
... WYT TI WEDI CLYWED AM ADAR STYMFFALOS?
YDW, WRTH GWRS. PWY SYDD DDIM?! MAEN NHW'N BWYTA POBL I FRECWAST, CINIO A SWPER!
WEL, DWI AM I TI GAEL GWARED ARNYN NHW I GYD! HEN NIWSANS!

LLADD ADAR STYMFFALOS

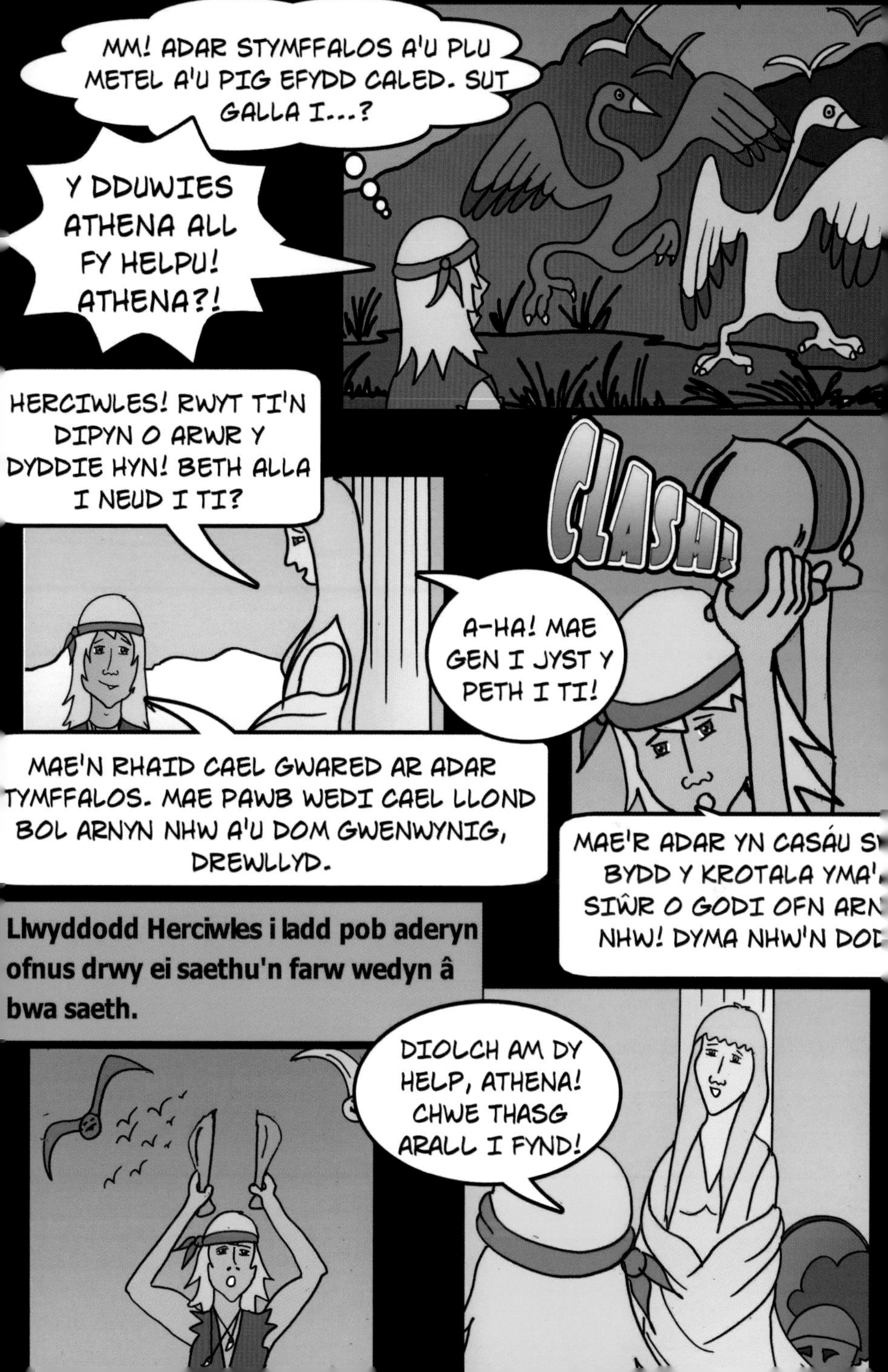
MM! ADAR STYMFFALOS A'U PLU METEL A'U PIG EFYDD CALED. SUT GALLA I...?
Y DDUWIES ATHENA ALL FY HELPU! ATHENA?!
HERCIWLES! RWYT TI'N DIPYN O ARWR Y DYDDIE HYN! BETH ALLA I NEUD I TI?
A-HA! MAE GEN I JYST Y PETH I TI!
CLASH!
MAE'N RHAID CAEL GWARED AR ADAR TYMFFALOS. MAE PAWB WEDI CAEL LLOND BOL ARNYN NHW A'U DOM GWENWYNIG, DREWLLYD.
MAE'R ADAR YN CASÁU S BYDD Y KROTALA YMA' SIŴR O GODI OFN ARN NHW! DYMA NHW'N DO
Llwyddodd Herciwles i ladd pob aderyn ofnus drwy ei saethu'n farw wedyn â bwa saeth.
DIOLCH AM DY HELP, ATHENA! CHWE THASG ARALL I FYND!

DAL TARW CRETA

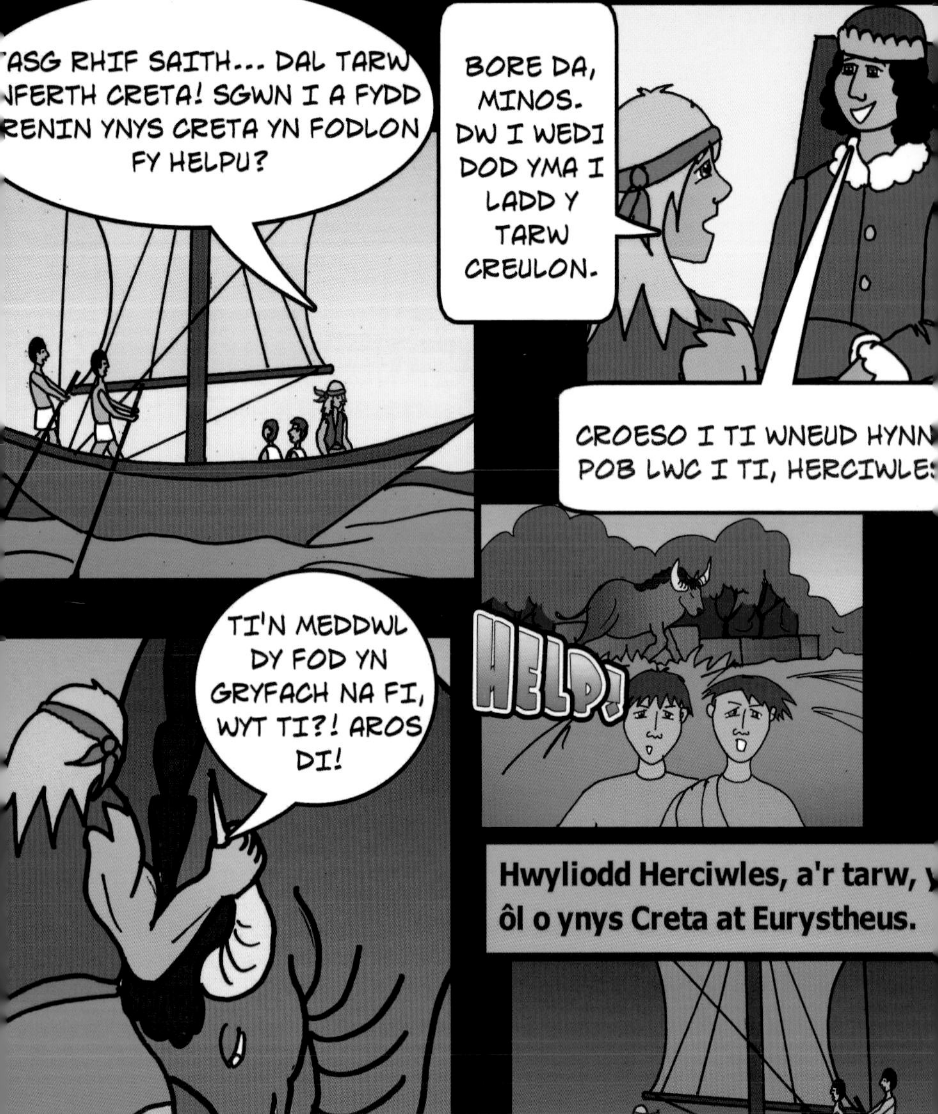
ASG RHIF SAITH... DAL TARW NFERTH CRETA! SGWN I A FYDD RENIN YNYS CRETA YN FODLON FY HELPU?
BORE DA, MINOS. DW I WEDI DOD YMA I LADD Y TARW CREULON.
CROESO I TI WNEUD HYNN POB LWC I TI, HERCIWLE
HELP!
TI'N MEDDWL DY FOD YN GRYFACH NA FI, WYT TI?! AROS DI!
Hwyliodd Herciwles, a'r tarw, y
ôl o ynys Creta at Eurystheus.

Ond nid dyna ddiwedd y stori. Pan welodd Eurystheus y tarw, gollyngod ef yn rhydd ac fe fu'n taranu drwy Groeg eto gan ddychryn pawb. Cafo ei ddal yn y diwedd gan Theseus yn nhref Marathon, ger Athen.

CIPIO CEFFYLAU'R BRENIN DIOMEDE

Roedd y ceffylau yn wyllt ac yn anadlu tân.

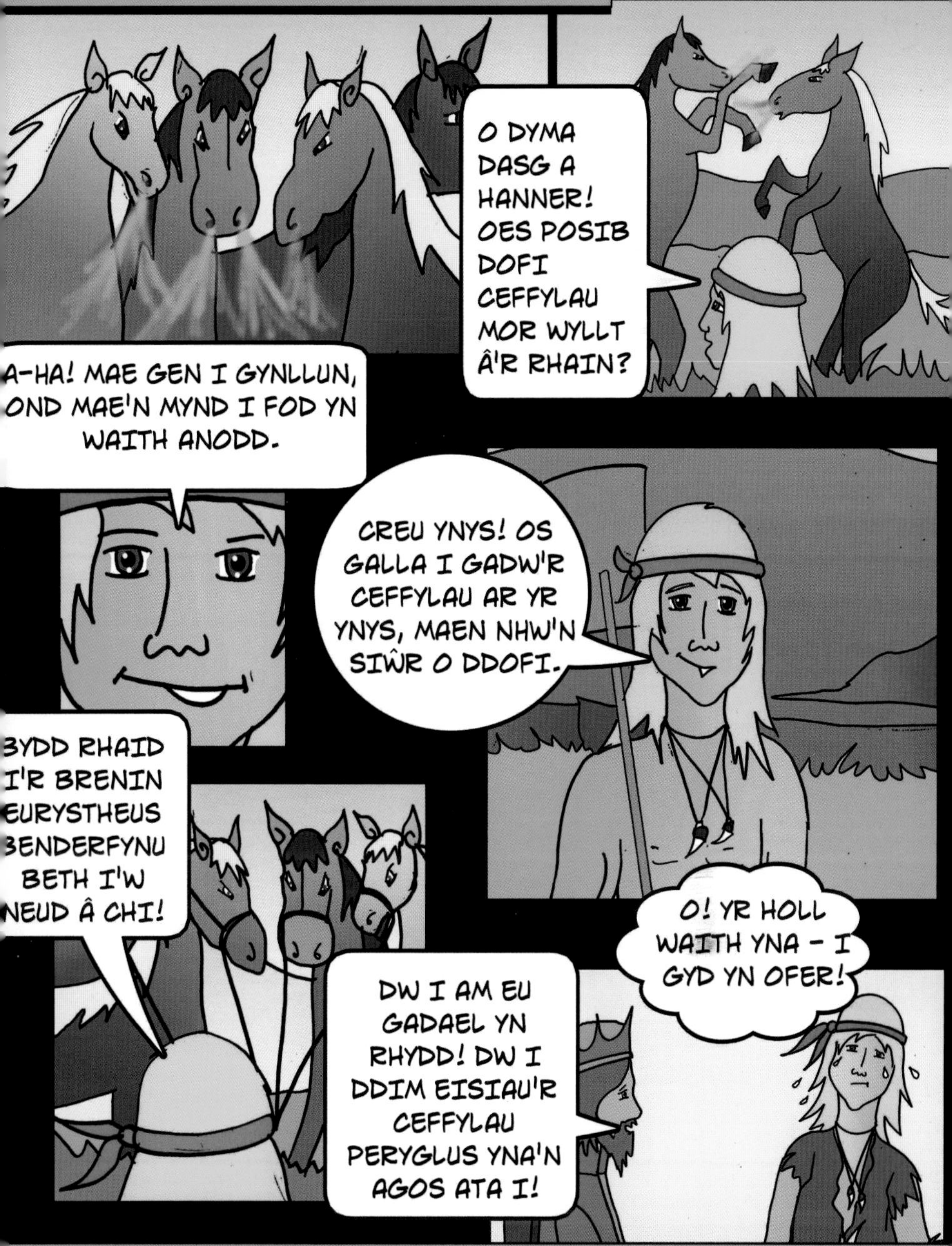
O DYMA DASG A HANNER! OES POSIB DOFI CEFFYLAU MOR WYLLT Â'R RHAIN?
A-HA! MAE GEN I GYNLLUN, OND MAE'N MYND I FOD YN WAITH ANODD.
CREU YNYS! OS GALLA I GADW'R CEFFYLAU AR YR YNYS, MAEN NHW'N SIŴR O DDOFI.
BYDD RHAID I'R BRENIN EURYSTHEUS BENDERFYNU BETH I'W NEUD Â CHI!
O! YR HOLL WAITH YNA – I GYD YN OFER!
DW I AM EU GADAEL YN RHYDD! DW I DDIM EISIAU'R CEFFYLAU PERYGLUS YNA'N AGOS ATA I!

Rhedodd ceffylau gwyllt Diomedes yr holl ffordd i fynydd Olympos, cartref y duwiau, lle cawson nhw eu bwyta gan anifeiliaid rheibus.

CIPIO GWREGYS HIPPOLY

O, HELÔ! PWY WYT TI, GORRACH BACH?

DYLAI CAEL GWREGYS Y FRENHINES HIPPOLYTE FOD YN HAWDD I DDYN MOR OLYGUS Â FI!

RWYT TI'N EDRYCH YN HARDD I HEDDIW, HIPPO, CARIAD! A WN DDANGOS DY WREGYS ARBENNIG HOFFWN I GAEL UN TEBYG!

Llwyddodd Herciwles i swyno'r frenhines a'i thwyllo.

GAF I UN GUSAN FACH? PLIS?

Wrth i Herciwles roi cusan i Hippolyte hyll, rhoddodd gyllell yn syth drwy ei chalon a chipio'r gwregys.

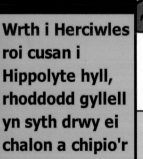

YCH-A-F: TI'N HYL FAWR FEL HWYL FAWR A DIOLO GWRE

Roedd gwartheg coch Geryon yn cael eu gwarchod gan Orthus, y ci dieflig dau ben.

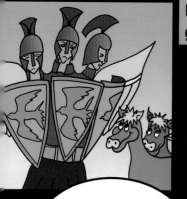

BYDD Y CI'N CYSGU'N BRA AR ÔL CNOI ASGWRN YM AM DIPYN. AMYNEDD PIAU HI, HERC BACH

DYMA NI. CYSGA'N DRWM, ORTHUS! Y GWARTHEG AMDANI NAWR! O NA! DYMA GERYON YN DOD...

HEI, BE TI'N FEDDWL TI'N NEUD? CER O 'MA!

HY! GAWN NI WELD AM HYNNY!

DW I'N MYND I DDWYN DY WARTHEG I GYD, GERYON BACH!

Roedd mynd â'r gwartheg at Eurystheus yn sialens. Rhaid oedd hwylio ar long. Aeth un tarw'n rhydd, neidio i mewn i'r môr a nofio am y lan agosaf. Y gair am darw oedd 'Italus' ac enw'r wlad lle cyrhaeddodd y tarw yw yr Eidal (*Italy*).

DIOLCH I'R SARFF O LYN LERNA AM EI GWAED LLAWN GWENWYN. RO'N I'N MEDDWL BYDDAI O WERTH I MI RYW DDIWRNOD!

Dwyn afalau Hesperide

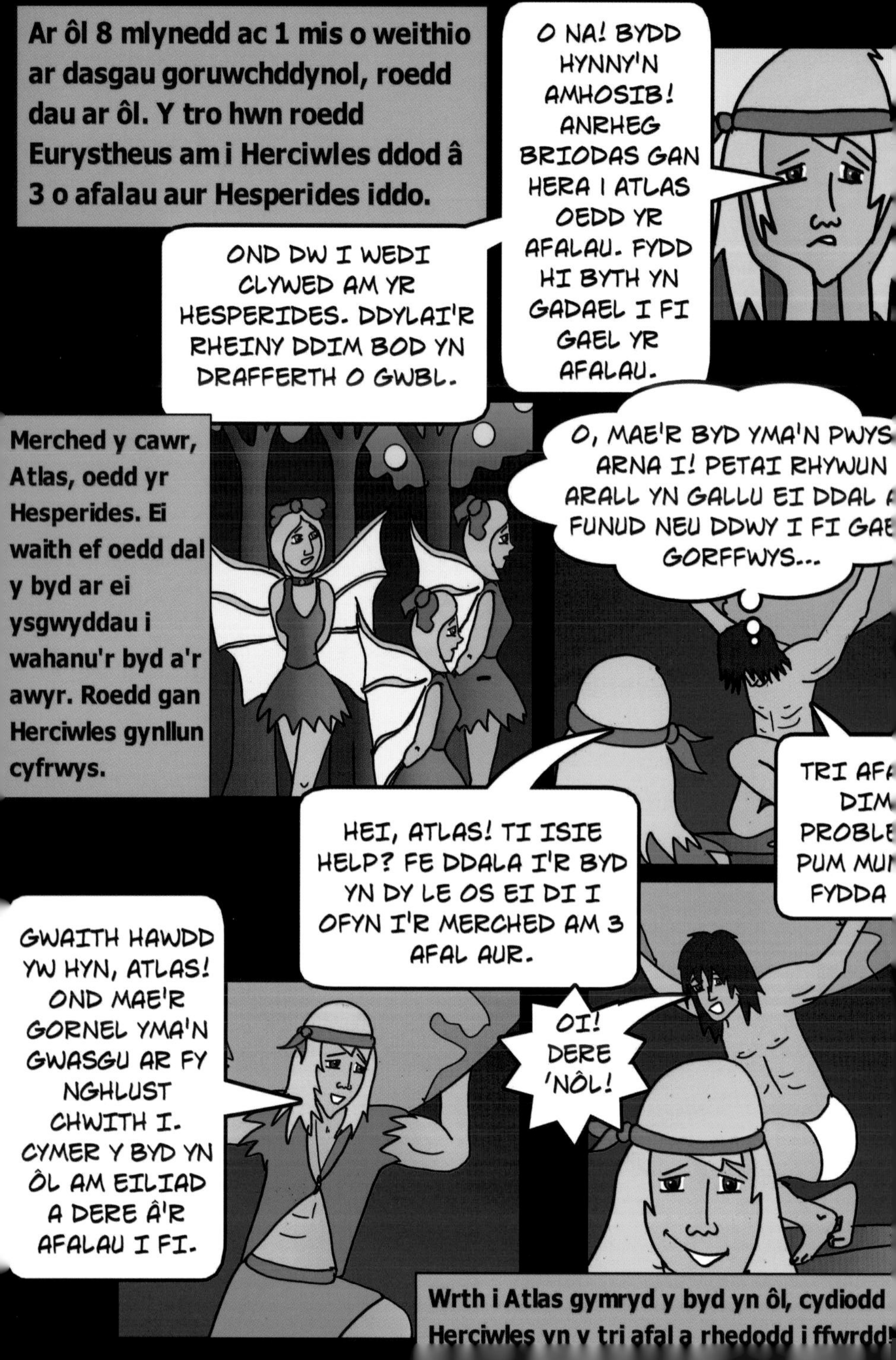

Ar ôl 8 mlynedd ac 1 mis o weithio ar dasgau goruwchddynol, roedd dau ar ôl. Y tro hwn roedd Eurystheus am i Herciwles ddod â 3 o afalau aur Hesperides iddo.
O NA! BYDD HYNNY'N AMHOSIB! ANRHEG BRIODAS GAN HERA I ATLAS OEDD YR AFALAU. FYDD HI BYTH YN GADAEL I FI GAEL YR AFALAU.
OND DW I WEDI CLYWED AM YR HESPERIDES. DDYLAI'R RHEINY DDIM BOD YN DRAFFERTH O GWBL.
Merched y cawr, Atlas, oedd yr Hesperides. Ei waith ef oedd dal y byd ar ei ysgwyddau i wahanu'r byd a'r awyr. Roedd gan Herciwles gynllun cyfrwys.
O, MAE'R BYD YMA'N PWYS ARNA I! PETAI RHYWUN ARALL YN GALLU EI DDAL FUNUD NEU DDWY I FI GAE GORFFWYS...
HEI, ATLAS! TI ISIE HELP? FE DDALA I'R BYD YN DY LE OS EI DI I OFYN I'R MERCHED AM 3 AFAL AUR.
TRI AFA DIM PROBLE PUM MUI FYDDA
GWAITH HAWDD YW HYN, ATLAS! OND MAE'R GORNEL YMA'N GWASGU AR FY NGHLUST CHWITH I. CYMER Y BYD YN ÔL AM EILIAD A DERE Â'R AFALAU I FI.
OI! DERE 'NÔL!
Wrth i Atlas gymryd y byd yn ôl, cydiodd Herciwles yn y tri afal a rhedodd i ffwrdd!

dasg olaf a'r fwyaf peryglus oedd cipio Cerberus. y ci ffyrnig oedd yn warchod yr Isfyd – byd y meirw. Doedd neb wedi dod oddi yno'n fyw...

Roedd Hades, duw'r Isfyd, yn ddigon bodlon i Herciwles fynd â'r ci at Eurystheus os gallai ei ddal heb ddefnyddio arfau a dod ag ef yn ôl wedyn.

MAE'R ISFYD YN ERCHYLL! DIOLCH BYTH AM HELP HADES I DDANGOS PA FFORDD I FYND!

Sleifiodd Herciwles yn dawel bach y tu ôl i Cerberus ac roedd hi'n dipyn o frwydr rhwng y ddau.

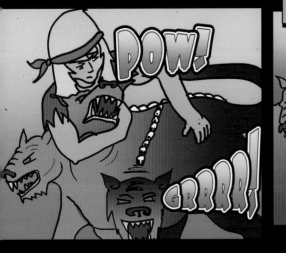

12 TASG AR BEN! SGWN I BETH FYDD Y WOBR WERTHFAWR FYDD GAN EURYSTHEUS I FI?

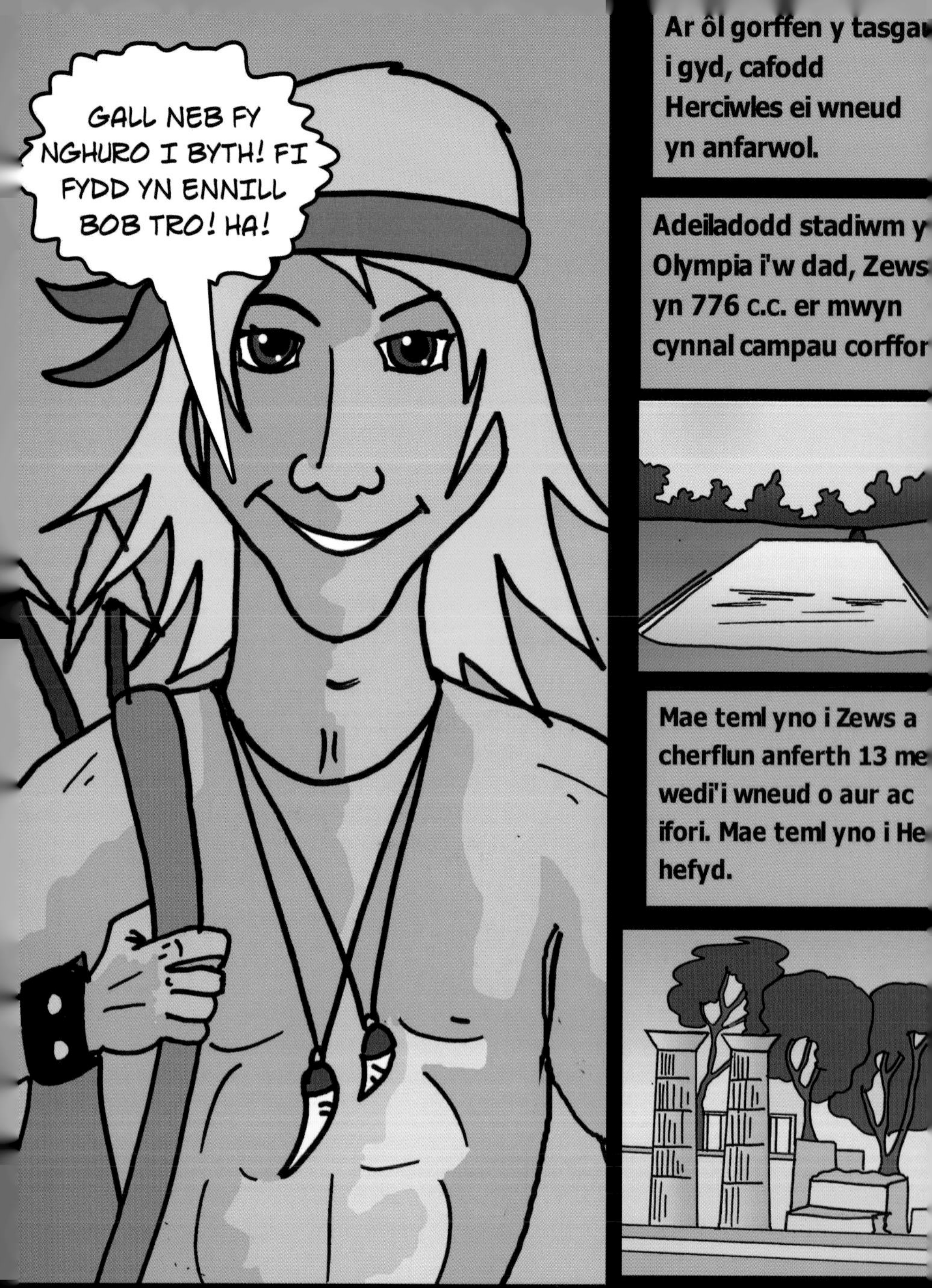
GALL NEB FY NGHURO I BYTH! FI FYDD YN ENNILL BOB TRO! HA!
Ar ôl gorffen y tasga
i gyd, cafodd
Herciwles ei wneud
yn anfarwol.
Adeiladodd stadiwm y
Olympia i'w dad, Zews
yn 776 c.c. er mwyn
cynnal campau corffor
Mae teml yno i Zews a
cherflun anferth 13 me
wedi'i wneud o aur ac
ifori. Mae teml yno i He
hefyd.

Cafwyd dathliad bob 4 mlynedd (y cyfnod Olympiad) i addoli'r corff a chynnal gŵyl. Roedd athletwyr yn cael eu denu i gystadlu mewn campau arbennig – ond dim ond dynion oedd yn medru siarad Groeg a wedi bod yn hyfforddi ers 10 mis oedd yn cael cystadlu.

Y Gêmau Olympaidd Cyntaf

y Gêmau Olympaidd cyntaf roedd un ras yn gallu para un diwrnod erwydd bod cymaint o rowndiau rhagbrofol. Roedd y ras hyd y stadiwm, f 183 metr. Roedd y trac wedi ei wneud o glai a thywod drosto. Roedd ain o ddynion yn gallu rhedeg ar yr un pryd.

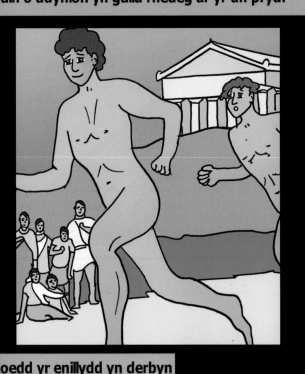

Roedd y rhedwyr yn noeth ac wedi eu gorchuddio ag olew a oedd yn sgleinio yn yr haul. Roedden nhw'n noeth oherwydd y gwres tanbaid.

Roedd tua 50,000 o dorf yn gwylio. Er bod yr haul yn llachar, doedd dim hawl gwisgo het i gysgodi eu pennau oherwydd byddai hynny'n blocio golygfa'r gwylwyr eraill.

oedd yr enillydd yn derbyn orch o ddail llawryf ac yn ymu rhuban coch yn ei vallt. Roedd rhai enillwyr yn od yn enwog iawn, ac oedd rhai'n ysgrifennu erddi amdanynt a chreu erfluniau ohonynt. yddent yn derbyn arian a wcedi anferth o olew lewydd. Roedd unrhyw ystadleuydd oedd wedi wyllo yn cael ei gosbi trwy alu am lunio cerflun efydd ewydd o Zews.

Tyfodd y gêmau. Daeth mwy o gystadlaethau ac roedd yn para 5 diwrnod. Roedd yr athletwyr yn cystadlu mewn ras 400 metr, sef dwy waith hyd y trac, reslo, naid hir, taflu gwaywffon a disgen, hefyd ras hir 5 cilomedr. Mae sôn bod cystadleuaeth i drwmpedwyr hyd yn oed!

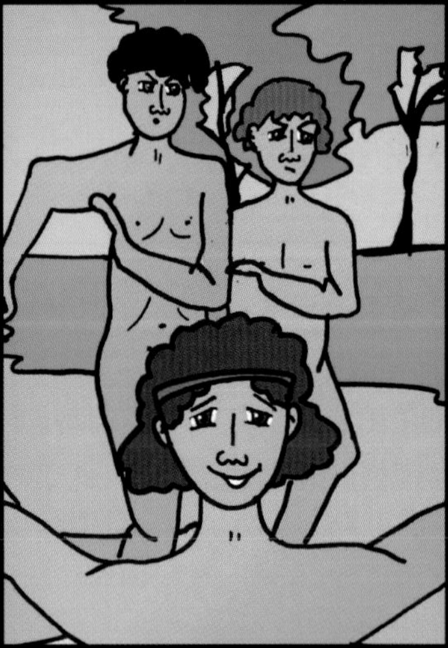

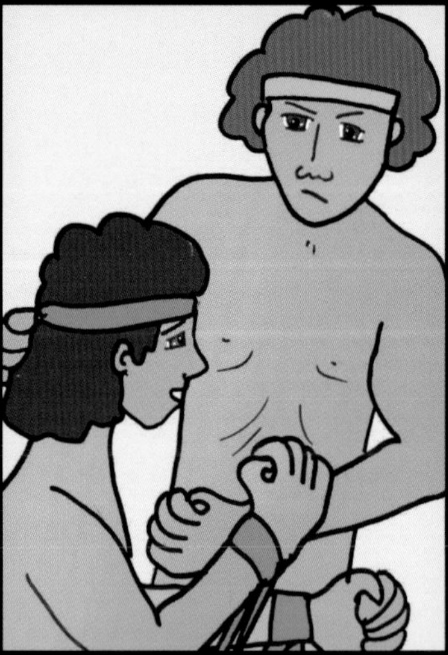

Roedd rasio ceffylau yn boblogaidd iawn ond yn gamp beryglus oherwydd roedd y jocis yn cwympo'n aml gan nad oedd gwartholion (*stirrups*) yn cael eu defnyddio.

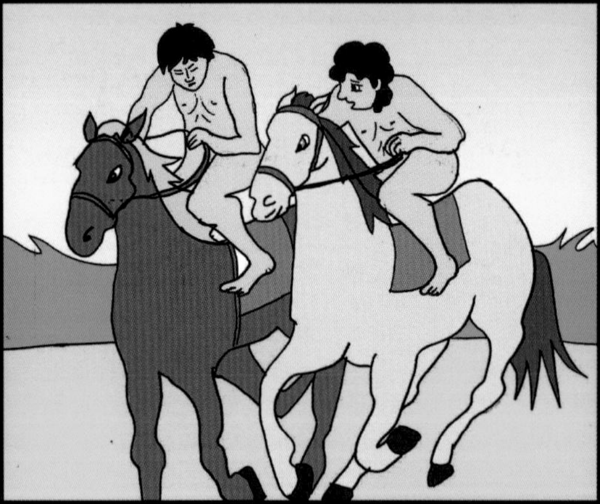

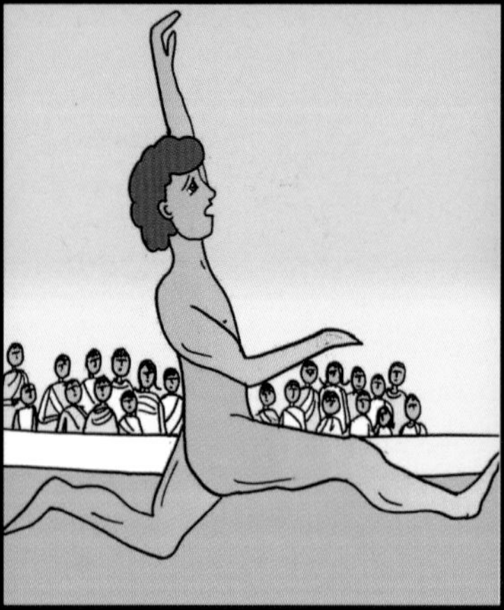

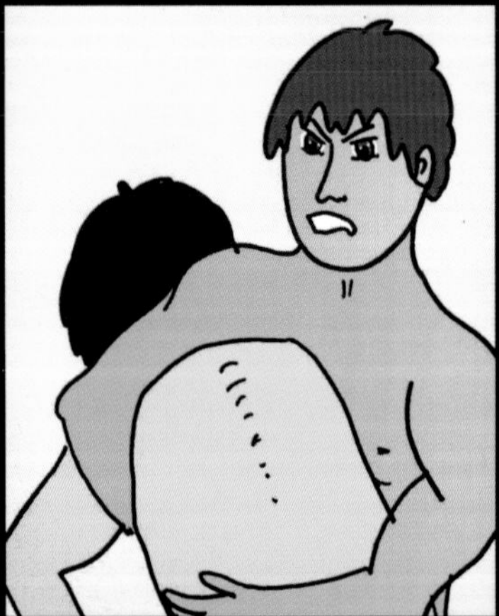

Ond y gamp fwyaf peryglus oedd y Pankration – rhyw fath o baffio heb reolau o gwbl. Y cyntaf i daro ei wrthwynebydd i'r llawr fyddai'n ennill, doedd dim ots sut byddai hynny'n digwydd!

Roedd un paffiwr enwog iawn o'r enw Milo. Roedd e'n ymarfer bob dydd trwy gario llo er mwyn cryfhau ei gyhyrau!

Ar ddiwedd y cystadlaethau byddai gwledd fawr i ddathlu camp yr athletwyr a 100 o wartheg yn cael eu lladd a'u coginio.

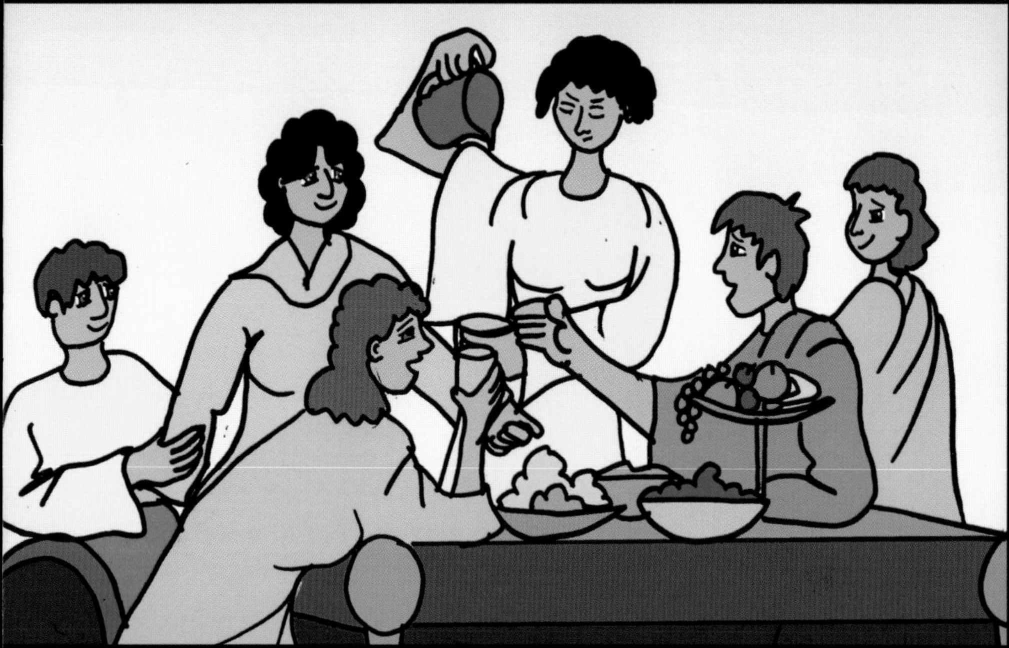

Doedd merched priod ddim yn cael cystadlu. Felly, trefnwyd gêmau arbennig i ferched yn unig - yr Heraia.

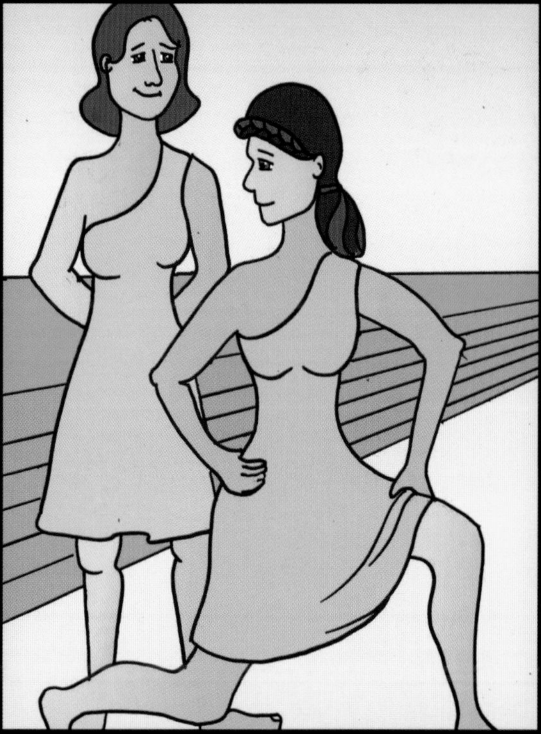

Yn Olympia, Groeg, y byddai pob un o'r gêmau'n cael eu cynnal. Roedd y gêmau mor boblogaidd ac mor gystadleuol tan, yn y diwedd, roedd rhaid rhoi stop arnyn nhw oherwydd roedd yr holl ddathlu yn mynd dros ben llestri.

Daeth yr hen gêmau i ben yn y flwyddyn 394 C.C., 400 mlynedd ar ôl y rhai cyntaf.

Y GÊMAU OLYMPAIDD MODERN

Cotswold Olimpick Games, Lloegr 1612

Dros 1600 o flynyddoedd ers y Gêmau Olympaidd cyntaf yn Olympia, Groeg, pam mae'r cystadlu yn mynd o nerth i nerth? Mae rhai o'r hen draddodiadau'n dal i ddigwydd hyd heddiw a'r athletwyr yn dal i ennill parch y byd.

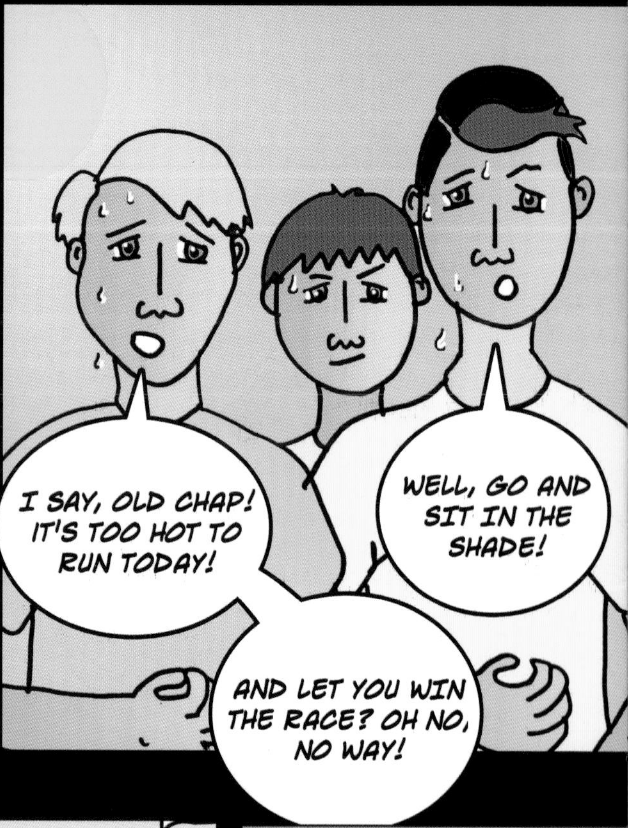
I SAY, OLD CHAP! IT'S TOO HOT TO RUN TODAY!
WELL, GO AND SIT IN THE SHADE!
AND LET YOU WIN THE RACE? OH NO, NO WAY!

Cafodd gêmau Cotswold yn 1612 eu dylanwadu gan gêmau Olympia.

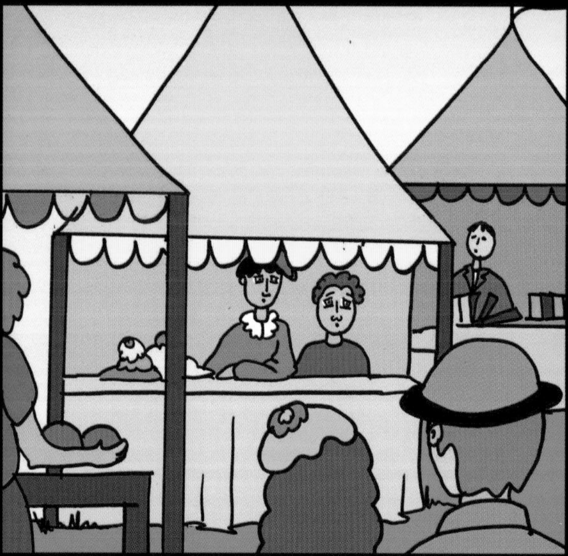

Roedd cystadlaethau dawnsio a gwyddbwyll, yn ogystal ag ymladd â chleddyfau yn rhan o gêmau Cotswold. Mae'r gêmau'n da i gael eu cynnal bob blwyddyn yn Chipping Camden ar ddydd Gwener tua diwedd mis Mai. Erbyn hyn mae chwalu hen biano, jiwdo a thynnu rhaff yn rhar o'r gêmau.

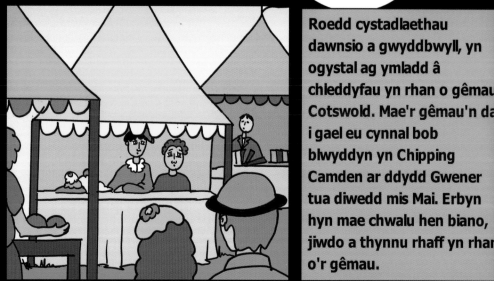

Much Wenlock, Lloegr 1850

Cymysgedd o athletau a champau cefn gwlad fel criced a ras berfa oedd n Much Wenlock. Mae'r gêmau'n dal i gael eu cynnal hyd heddiw. Enw n o'r masgots ar gyfer Gêmau Olympaidd Llundain 2012 yw Wenlock.

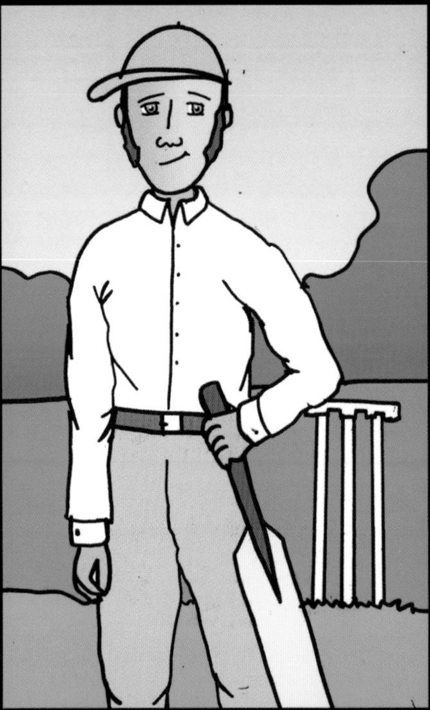

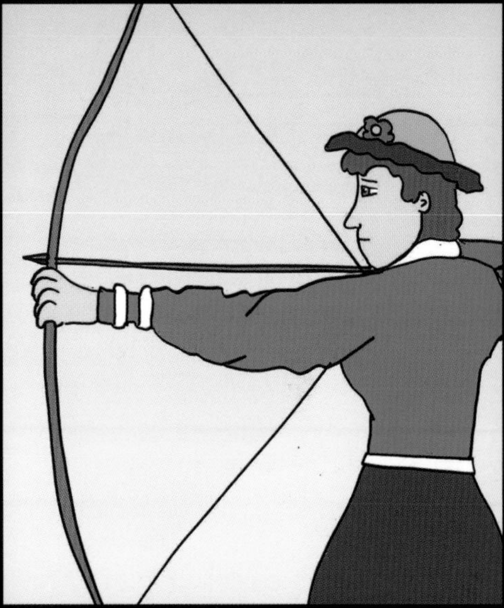

Olympau Lerpwl 1862–1867

Dim ond dynion cyfoethog allai gystadlu yma, felly dim ond am bum mlynedd wnaethon nhw bara.

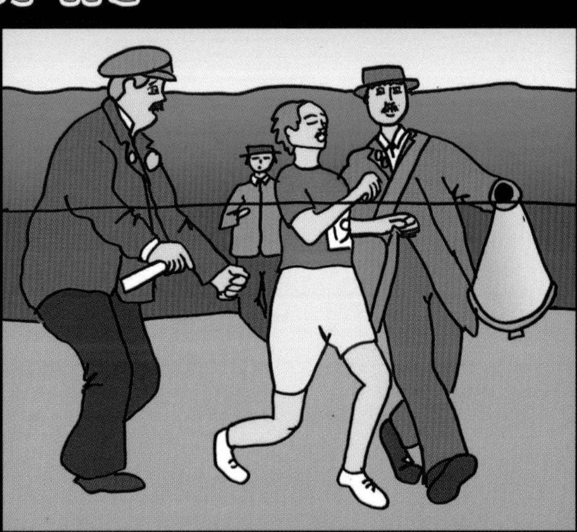

SEFYDLU'R I.O.C. (INTERNATIONAL OLYMPIC COMMITTEE) 1890

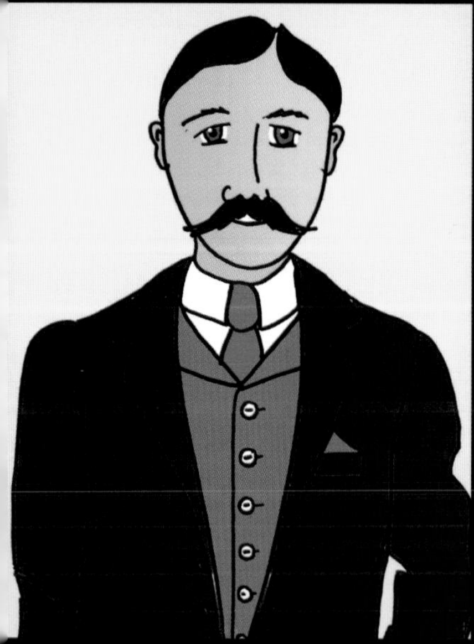

Pierre de Coubertin, Ffrancwr cyfoethog, gafodd y syniad o sefydlu'r gêmau a'u cynnal bob 4 blynedd, fel rhai Herciwles. Roedd am hybu gwell cysylltiadau a heddwch rhwng gwledydd y byd. Yr I.O.C. sy'n rheoli popeth ynglŷn â'r gêmau fel cynllun y logo a'r darlledu ar y teledu. Maen nhw'n cyfarfod un waith y flwyddyn.

ATHEN EBRILL 6–15, 1896

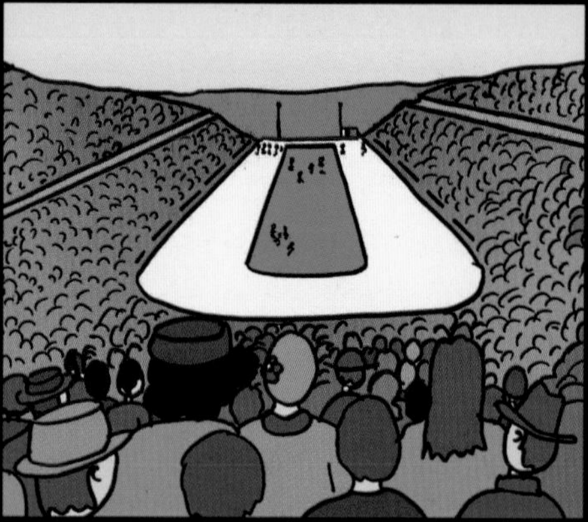

Yn Stadiwm Panathinaiko, Athen, Groeg roedd 14 gwlad yn cystadlu – 241 o athletwyr mewn 43 o gampau. Dyna ddechrau gwych ar gyfer Gêmau Olympaidd cyntaf go iawn yr I.O.C.

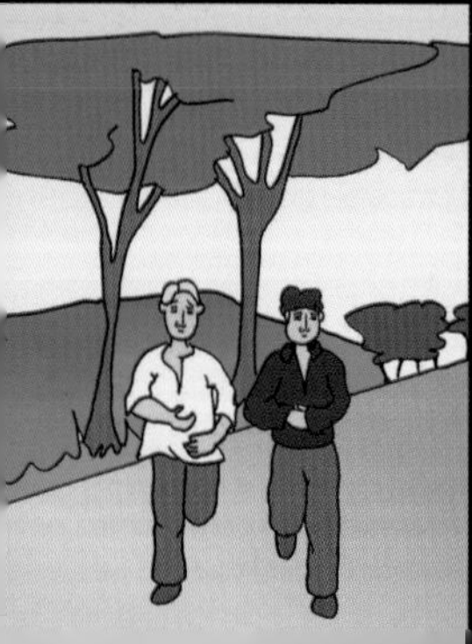

Uchafbwynt y gêmau oedd y marathon a enillwyd gan y Groegwr, Spiridon Louis. Roedd y gêmau'n llwyddiannus iawn a'r stadiwm mwyaf yn y byd, ar y pryd, yn orlawn ar gyfer pob cystadleuaeth.

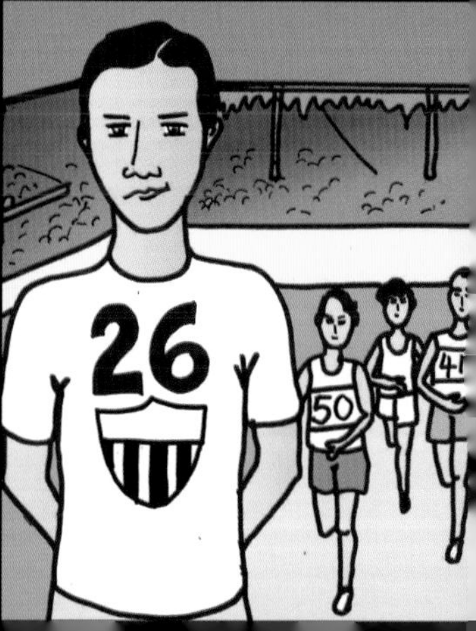
26
50
41

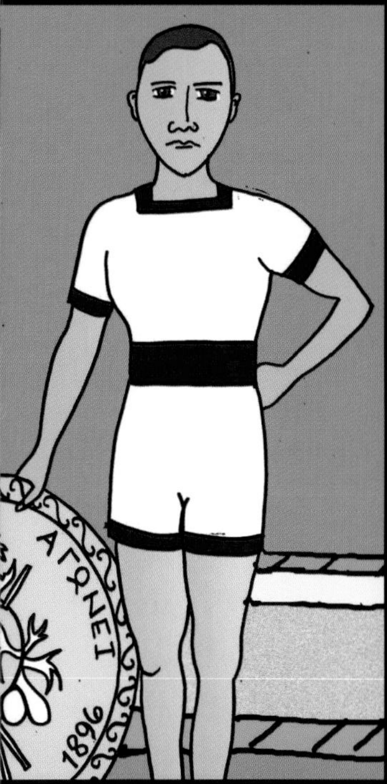

1896

Dyma Alfréd Hajós, o Hwngari – pencampwr nofio yr Olympau cyntaf. Daeth yn bensaer enwog ac enillodd fedal arian mewn cystadleuaeth Gelf arbennig yng Ngêmau Olympaidd Paris yn 1924.

PARIS
Mai–Hydref 1900

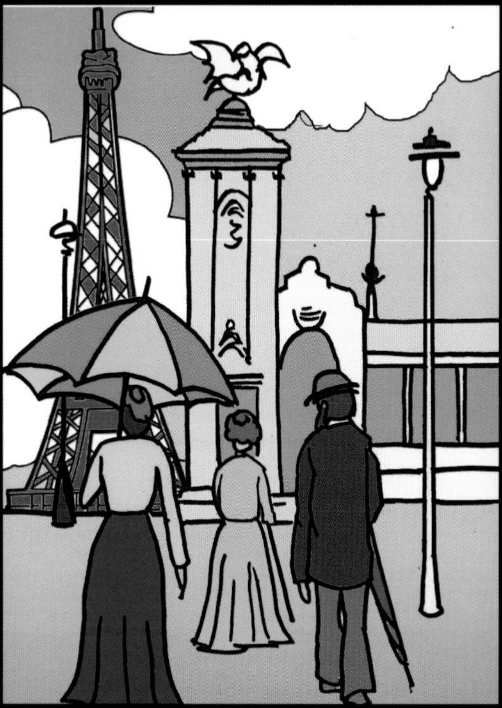

chafodd stadiwm pwrpasol ei odi'n arbennig ar gyfer y êmau Olympaidd nesaf, yn 1900, nd roedd y campau mewn sawl afle o gwmpas Paris. Parhaodd y ystadlu am 5 mis, i gyd-fynd â air y byd yn y ddinas honno. oedd merched yn cymryd rhan m y tro cyntaf. Cynhaliwyd ras ofio tanddwr am y tro cyntaf, a'r o olaf.

Cafodd enillydd 4 medal aur (am 3 ras rhedeg a'r naid hir), Alvin Kraenzlein, ddwrn yn ei wyneb gan Meyer Prinstein, ei wrthwynebydd yn y naid hir. Roedd naid Meyer un centimedr yn fyrrach na naid Alvin!

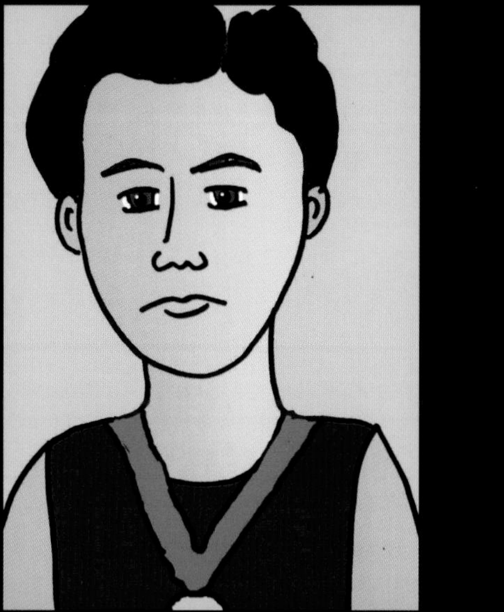

St Louis, America 1904

Enillodd Thomas Hicks y marathon – er bod hyfforddwr wedi rhoi brandi iddo cyn y ras! Americanwyr oedd y rhan fwyaf o'r athletw yma oherwydd roedd St. Louis yn rhy bell a rhy ddrud i gystadleuwyr deithio yno o Ewr

Berlin, Yr Almae 1936

Yn 1936 cafodd y Gêmau eu darlledu ar y teledu am y tro cyntaf (nid yn fyw ac yn yr Almaen yn unig). Roedd Hitler a'r Natsïaid wedi gorchymyn adeiladu stadiwm newydd enfawr. Roedd baneri a phosteri gan y Natsïaid yn amlwg dros y lle i gyd.

Munich, Yr Almaen 1972

Cafodd 11 o dîm Israel eu dal yn wystlon pan lwyddodd wyth dyn arfo o Balesteina fynd i mewn i bentref yr athletwyr. Cawsant eu gyrru i awyren yna'u lladd. Ers hynny mae diogelwch yn llawer mwy llym.

Yn 1996, yn Atlanta, America ffrwydrodd bom yn y Centennial Olympic Park, gan ladd 2 ac anafu 111. Mae dyn wedi ei garcharu am oes am osod y bom yno.

Yn 2008 cynhaliwyd yr Olympau yn Beijing. Roedd dros 11,000 o 204 gwlad yn cystadlu mewn 302 o gystadlaethau. Sefydlwyd 43 record byd newydd yno. Y gost o gynnal y Gêmau oedd $40 biliwn ($40,000,000,000)!

GÊMAU'R GAEAF
CHAMONIX, FFRAINC 1924

Cafodd Gêmau Olympaidd y Gaeaf eu sefydlu er mwyn cynnal campau ar eira a rhew. Syniad Viktor Gustav Balck, ffrind Pierre de Coubertin, oedd hyn. Roedd yn gyfle i wledydd oer fel Norwy, Canada a'r Ffindir gystadlu ar lwyfan byd-eang.

Mae'r tywydd yn chwarae rhan bwysig yng Ngêmau'r Gaeaf. Rhaid cael digon o eira ond nid bwrw eira'n drwm, a rhaid cael tywydd oer neu byddai'r rhew a'r eira'n toddi. Mae cystadlaethau sgio, sglefrio a dawnsio iâ yn boblogaidd iawn.

ST MORITZ, SWISTIR 1928

Roedd Sonja Henie o Norwy wedi ennill medal aur am ddawnsio ar iâ a hithau ond yn 15 oed, y bencampwraig Olympaidd ieuengaf erioed ar y pryd. Daeth hi'n seren ffilmiau enwog yn Hollywood.

DYFFRYN SQUAW, AMERICA 1960

Y dyn a drefnodd seremonïau agor a chlo Gêmau 1960 oedd Walt Disney! Dyma'r Gêmau cyntaf i gael pentref pwrpasol i'r athletwyr a'r cyntaf i ddefnyddio cyfrifiadur i gadw sgôr.

INNSBRUCK, AWSTRIA 1964

Yn 1964 roedd y tywydd yn rhy gynnes i eira ac roedd rhaid cludo eira o'r mynyddoedd uchel ac o rannau eraill o'r wlad.

Cafodd ras ar y *luge* ei chynnal am y tro cyntaf yn 1964. Mae'r cystadleuwyr yn gorwedd ar sled ac yn teithio ar gyflymder o 90 milltir yr awr ar hyd trac o iâ llithrig!

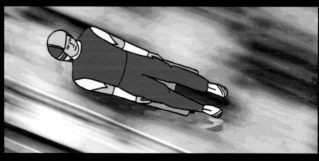

2010 yn Vancouver, Canada roedd cwmwl du dros y Gêmau ar ôl i ddyn o orgia, Nodar Kumaritashvili, gael ei ladd wrth ymarfer ar drac rhewllyd y ge. Roedd 5,000 o gystadleuwyr yng Ngêmau'r Gaeaf 2010.

GEMAU PARALYMPAI

gwreiddiol ar y Gêmau Paralympaidd oedd Stoke Mandeville Game
sbyty yn Stoke Mandeville, Lloegr, ar gyfer milwyr a oedd wedi
yn yr Ail Ryfel Byd. Syniad Ludwig Guttmann oedd hyn yn 1948. Y
ain, yr Eidal, defnyddiwyd yr enw Gêmau Paralympaidd am y tro

Dyma Trisch
Zorn -
nofwraig dd
o America.
Enillodd 55 c
fedalau
Olympaidd, g
gynnwys 41
medal aur
rhwng 1980
2004.

hyn mae Gêmau Paralympaidd y gaeaf a'r haf, gyda chystadleu
math o anableddau yn cymryd rhan – gan gynnwys pobl fyddar,
colli braich neu goes, a rhai mewn cadair olwyn.

Tanni Grey-Thompson
o Gaerdydd yw un o
baralympwyr gorau'r
byd. Mae wedi ennill
11 medal aur mewn
campau yn amrywio o
ras 100m i 26 milltir,
yn dal 30 record byd
ac wedi ennill
Marathon Llundain 6
gwaith. Tipyn o gamp!

Y LOGO

Llun o bum cylch (glas, melyn, du, gwyrdd, coch) ar gefndir gwyn yw logo'r Gêmau Olympaidd.
Cynlluniwyd y logo yn 1914 gan Pierre de Coubertin, un o sylfaenwyr y Gêmau modern.
Mae'r 5 cylch yn cynrychioli 5 cyfandir y byd – Ewrop, Asia, America, Affrica, Awstralasia.
Cafodd ei ddefnyddio am y tro cyntaf yn Antwerp, Gwlad Belg yn 1920.

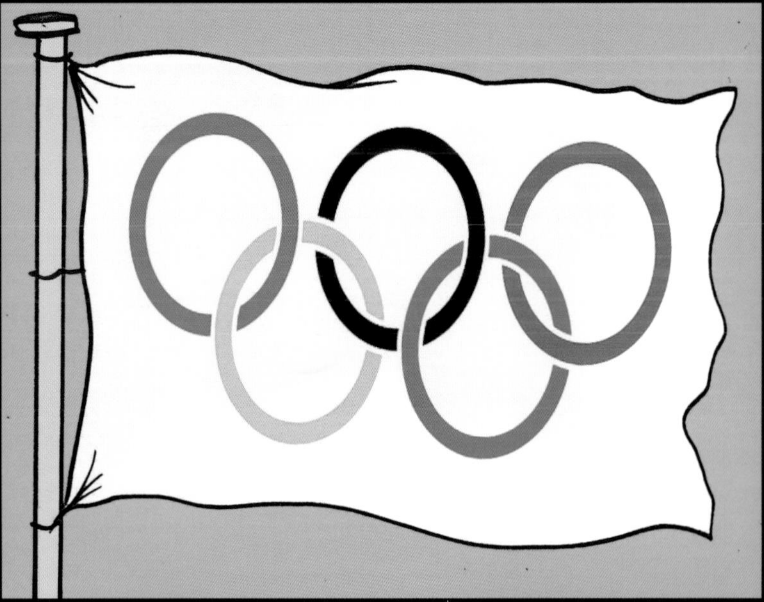

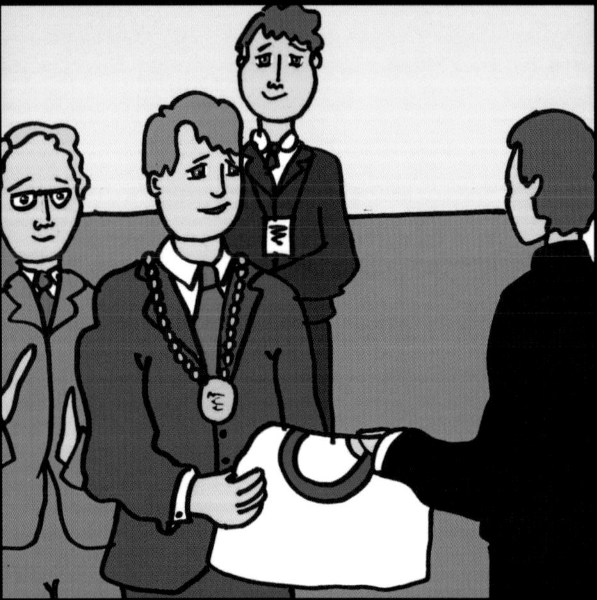

Mewn seremoni ar ddiwedd y Gêmau, mae Maer y dref yn trosglwyddo'r faner i Faer y dref lle bydd y Gêmau nesaf yn cael eu cynnal. Bydd Maer Llundain yn ei throsglwyddo i Faer Sochi, Rwsia lle bydd Gêmau'r Gaeaf yn 2014.

Ond mae pob un o'r Gêmau yn creu ei baner ei hun hefyd i'w rhoi ar fygiau, capiau a chrysau-T i'w gwerthu a gwneud arian. Dyma rai logos.

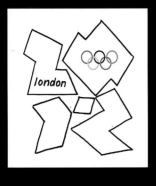

100
Atlanta 1996

BEIJING 2008

vancouver 2010

Y FFAGL

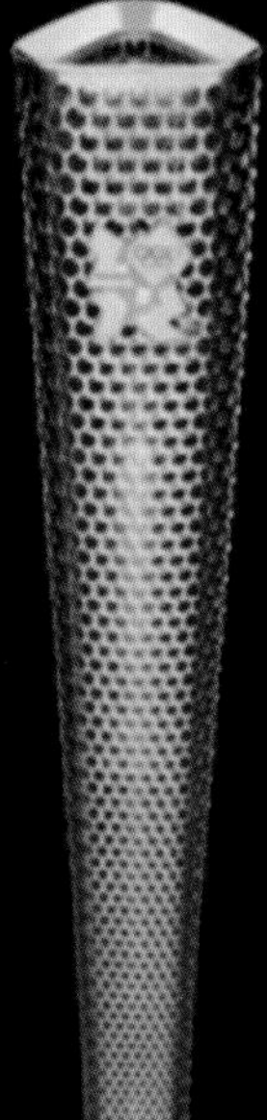

Mae cynllun y ffagl sy'n dal y fflam Olympaidd yn wahanol bob tro. Mae'r metalau a'r tanwydd yn amrywio. Yn 2012, cafodd 8,000 o bobl eu dewis i gario ffagl o gwmpas Prydain dros 70 diwrnod cyn i'r Gêmau ddechrau yn Llundain.
Cynlluniwyd y ffagl hon gan Barber ac Osgerby. Mae'n ysgafn iawn, wedi'i gwneud o alwminiwm gyda 800 o dyllau bach siâp cylch arni. Mae'n 80 cm o uchder ac yn pwyso 800 gram.

ITIUS, ALTIUS, FORTIUS -
yflymach, Uwch, Cryfach.
eiriau o'r iaith Ladin yw'r motto a
edd yn cael ei ddefnyddio i ddisgrifio
thletwyr mewn ysgolion. Credai
ierre de Coubertin y byddai'n motto
a iawn i'r Gêmau Olympaidd.

Y MOTTO

Motto arall a ddefnyddiodd Pierre de Coubertin oedd 'Cymryd rhan sy'n bwysig, nid ennill'.

Y FFLAM OLYMPAIDD

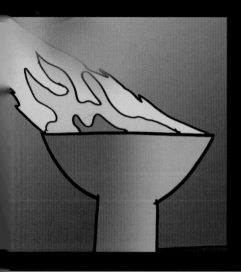

Mae'r fflam yn cael ei chynnau i gofi
am Zews yn y Gêmau Olympaidd
cyntaf. Mae'n symbol o farw ac ailer
arwyr Groeg.

Yn 1928 yn Amsterdam dechreuodd y
traddodiad yn y Gêmau modern. Mae'r
fflam wedi bod yn rhan o'r Gêmau bob tro
ers hynny. Ond yn Berlin, yr Almaen o
dan orchymyn Hitler, y dechreuodd y
traddodiad o redeg gyda'r fflam o Athen,
Groeg, i ble bynnag roedd y Gêmau'n cael
eu cynnal.

Ar ddechrau pob
Gêmau Olympaidd mae
cario'r fflam i mewn i'r
seremoni agoriadol yn
draddodiad pwysig.
Mae'r person sy'n
cario'r fflam ac yn
cynnau'r crochan
mawr yn gyfrinach tan
y funud olaf.

Yn 2008 cariwyd y ffagl o Olympia i Beijing ar daith o 137,000 cilomedr. Roed
daith helbulus. Yn Llundain a Pharis roedd protestwyr hawliau dynol yn trio
diffodd y fflam.

Y MASGOTS

Mae'r masgot yn gymeriad amlwg yn y Gêmau Olympaidd ers Gêmau'r Gaeaf yn Grenoble, Ffrainc, yn 1968. Ei enw oedd Schuss.

Mae'r masgot yn symbol o'r wlad sy'n cynnal y Gêmau ac yn cynrychioli rhyw anifail, digwyddiad neu hanes sy'n perthyn i'r wlad. Maen nhw'n denu plant ifanc i ymddiddori yn yr Olympau.

Schuss

IZZY

Yn Atlanta, America yn 1996, Izzy oedd enw'r masgot glas. Er bod cartŵn wedi ei greu a gêm Nintendo, doedd e ddim yn gymeriad poblogaidd iawn.

Mae dau fasgot gan Gêmau Llundain 2012, sef Mandeville a Wenlock. Lluniwyd y ddau ar siâp diferyn o fetel o'r gweithfeydd dur.

Mae Wenlock yn gwisgo 5 breichled i gynrychioli 5 cylch y logo Olympaidd. Mae'r 3 phwynt ar dop ei ben yn cynrychioli'r 3 mil!ydd ar y podiwm.

Mae Mandeville yn cynrychioli'r Gêmau Paralympaidd. Ar ei fraich mae oriawr ac arno'r amser 0:20:12. Mae'r pwyntiau ar ei ben yn debyg i logo'r Gêmau Paralympaidd.

Wenlock

Mandeville

GUTO NYTHBRÂN

Petai'r Gêmau Olympaidd wedi dod i Gymru 300 mlynedd yn ôl, byddai Guto Nythbrân wedi torri ambell record, mae'n siŵr. Dyma ei stori.

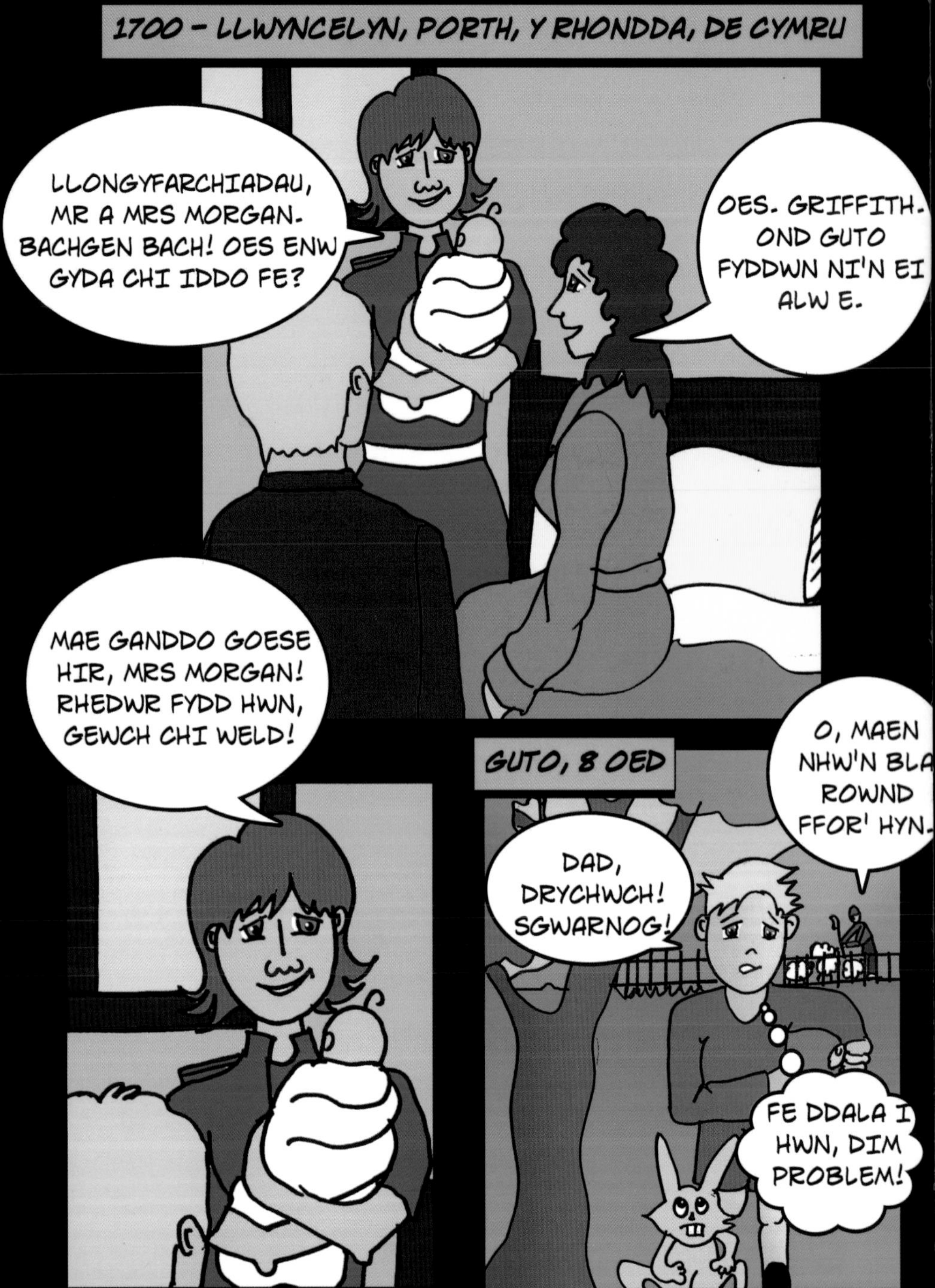
1700 – LLWYNCELYN, PORTH, Y RHONDDA, DE CYMRU
LLONGYFARCHIADAU, MR A MRS MORGAN. BACHGEN BACH! OES ENW GYDA CHI IDDO FE?
OES. GRIFFITH. OND GUTO FYDDWN NI'N EI ALW E.
MAE GANDDO GOESE HIR, MRS MORGAN! RHEDWR FYDD HWN, GEWCH CHI WELD!
GUTO, 8 OED
O, MAEN NHW'N BLA ROWND FFOR' HYN.
DAD, DRYCHWCH! SGWARNOG!
FE DDALA I HWN, DIM PROBLEM!

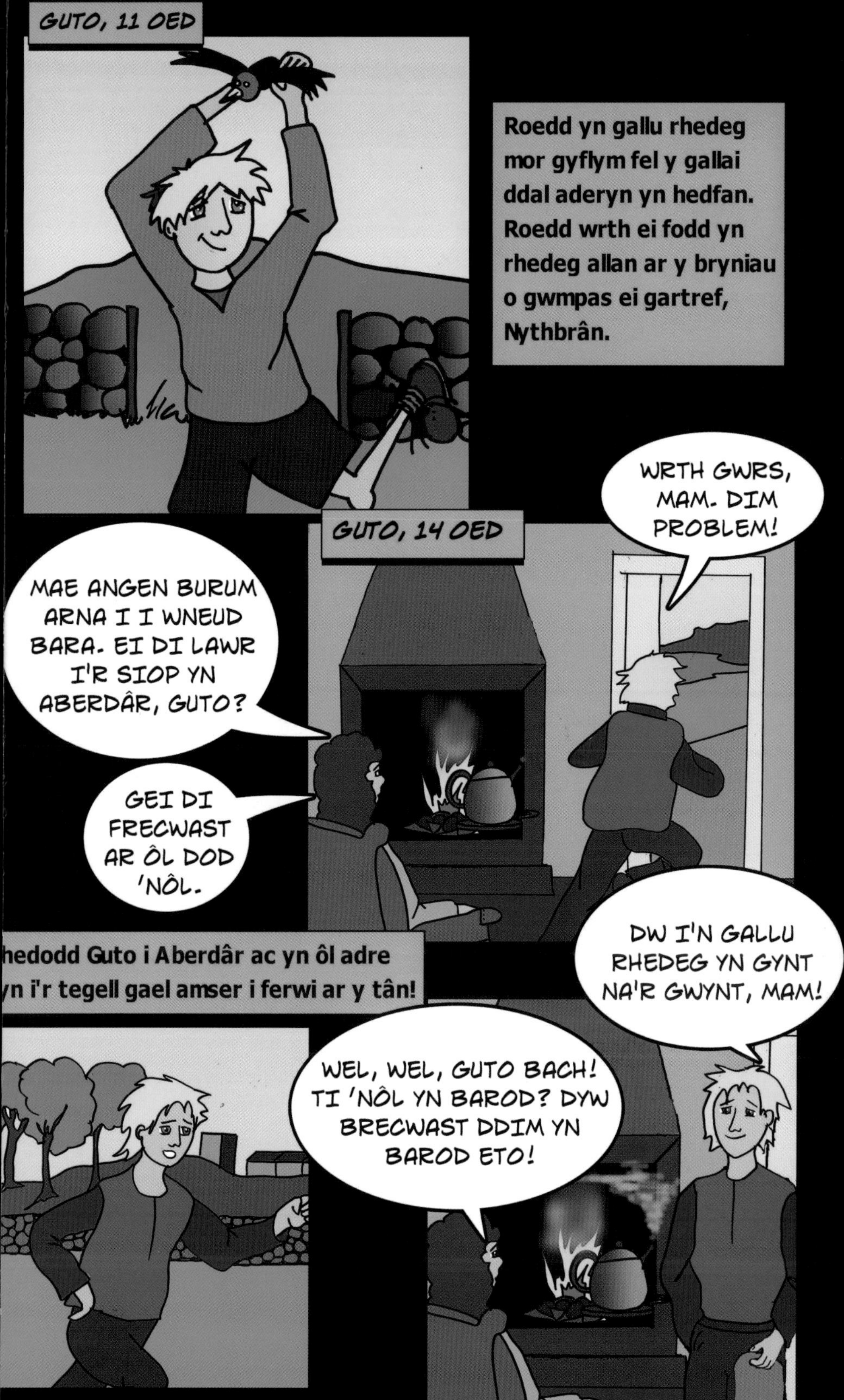
GUTO, 11 OED
Roedd yn gallu rhedeg mor gyflym fel y gallai ddal aderyn yn hedfan. Roedd wrth ei fodd yn rhedeg allan ar y bryniau o gwmpas ei gartref, Nythbrân.
GUTO, 14 OED
MAE ANGEN BURUM ARNA I I WNEUD BARA. EI DI LAWR I'R SIOP YN ABERDÂR, GUTO?
WRTH GWRS, MAM. DIM PROBLEM!
GEI DI FRECWAST AR ÔL DOD 'NÔL.
hedodd Guto i Aberdâr ac yn ôl adre
yn i'r tegell gael amser i ferwi ar y tân!
WEL, WEL, GUTO BACH! TI 'NÔL YN BAROD? DYW BRECWAST DDIM YN BAROD ETO!
DW I'N GALLU RHEDEG YN GYNT NA'R GWYNT, MAM!

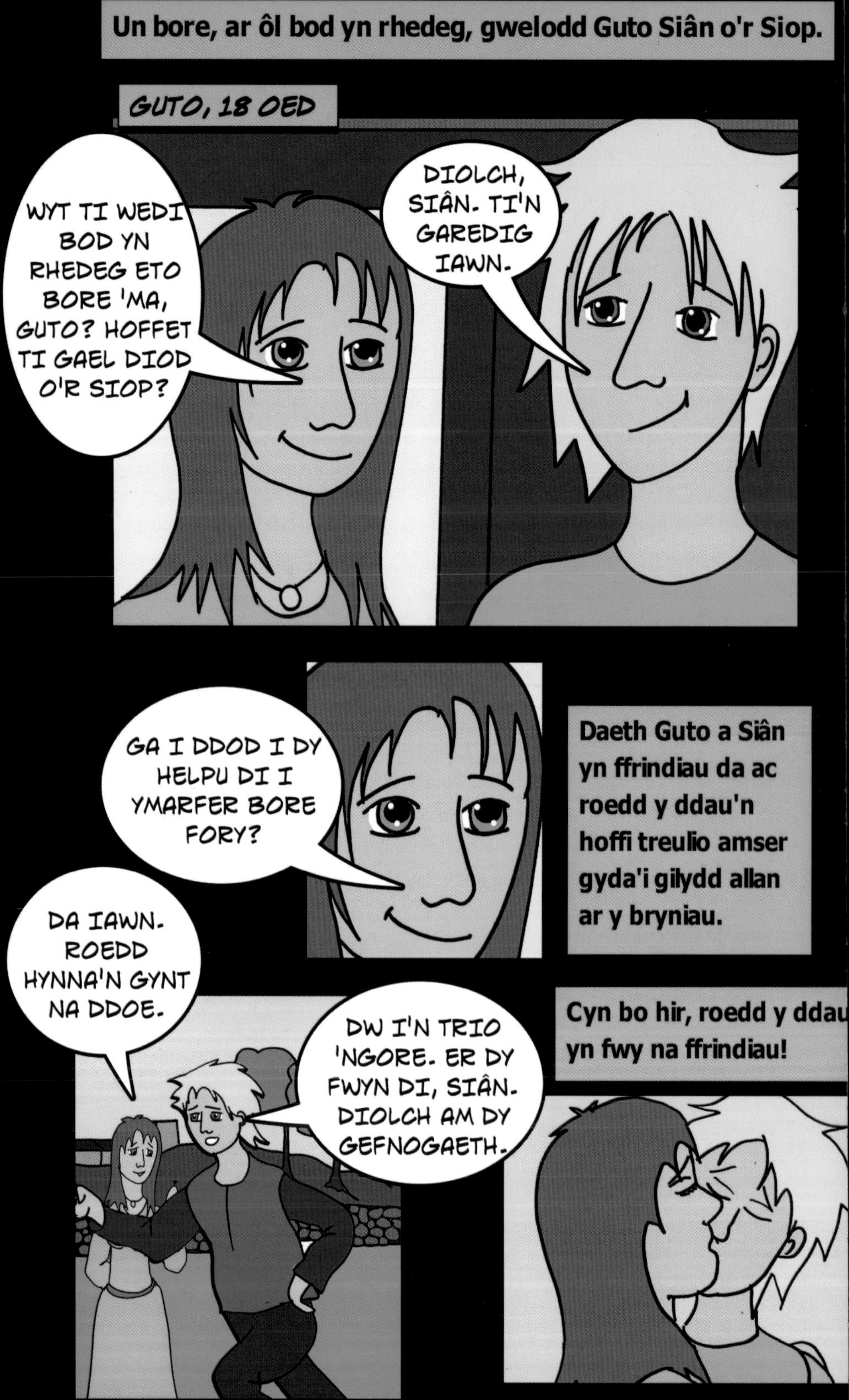
Un bore, ar ôl bod yn rhedeg, gwelodd Guto Siân o'r Siop.
GUTO, 18 OED
WYT TI WEDI BOD YN RHEDEG ETO BORE 'MA, GUTO? HOFFET TI GAEL DIOD O'R SIOP?
DIOLCH, SIÂN. TI'N GAREDIG IAWN.
GA I DDOD I DY HELPU DI I YMARFER BORE FORY?
Daeth Guto a Siân yn ffrindiau da ac roedd y ddau'n hoffi treulio amser gyda'i gilydd allan ar y bryniau.
DA IAWN. ROEDD HYNNA'N GYNT NA DDOE.
DW I'N TRIO 'NGORE. ER DY FWYN DI, SIÂN. DIOLCH AM DY GEFNOGAETH.
Cyn bo hir, roedd y ddau yn fwy na ffrindiau!

Roedd Siân yn ddynes fusnes dda a dechreuodd drefnu rasys i Guto er mwyn iddo ennill arian.

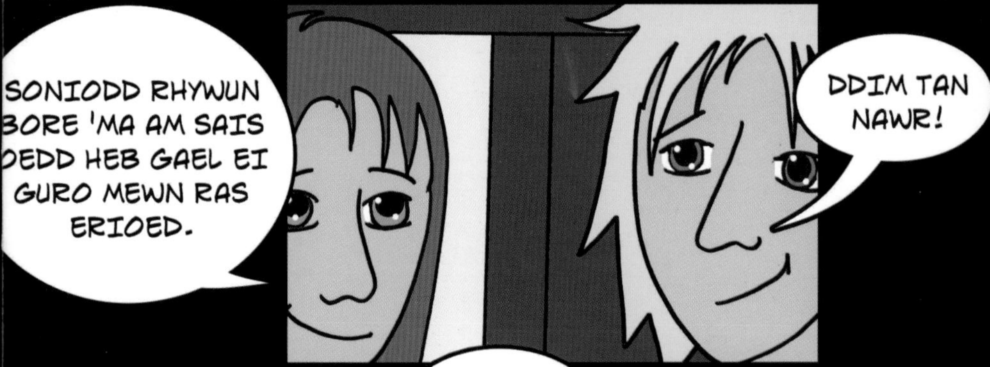
SONIODD RHYWUN BORE 'MA AM SAIS OEDD HEB GAEL EI GURO MEWN RAS ERIOED.
DDIM TAN NAWR!

Ac wrth gwrs, fe enillodd Guto bob ras gyda chefnogaeth Siân! Am flynyddoedd wedyn, bu'n rhedeg rasys a daeth yn enwog yn yr ardal. Bu'n rasio yn erbyn ceffyl, hyd yn oed!

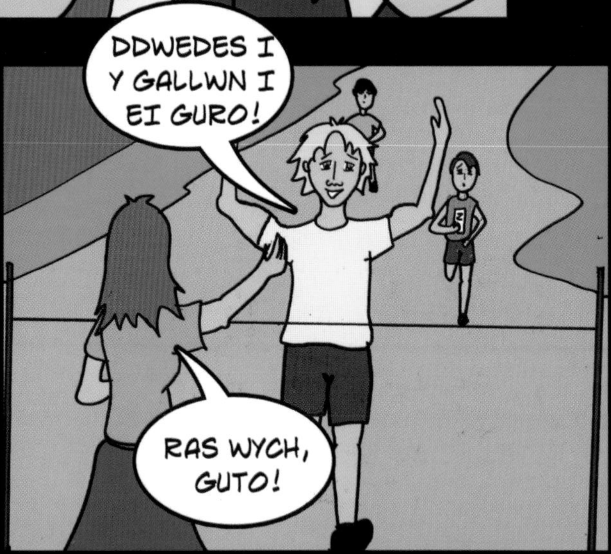
DDWEDES I Y GALLWN I EI GURO!
RAS WYCH, GUTO!

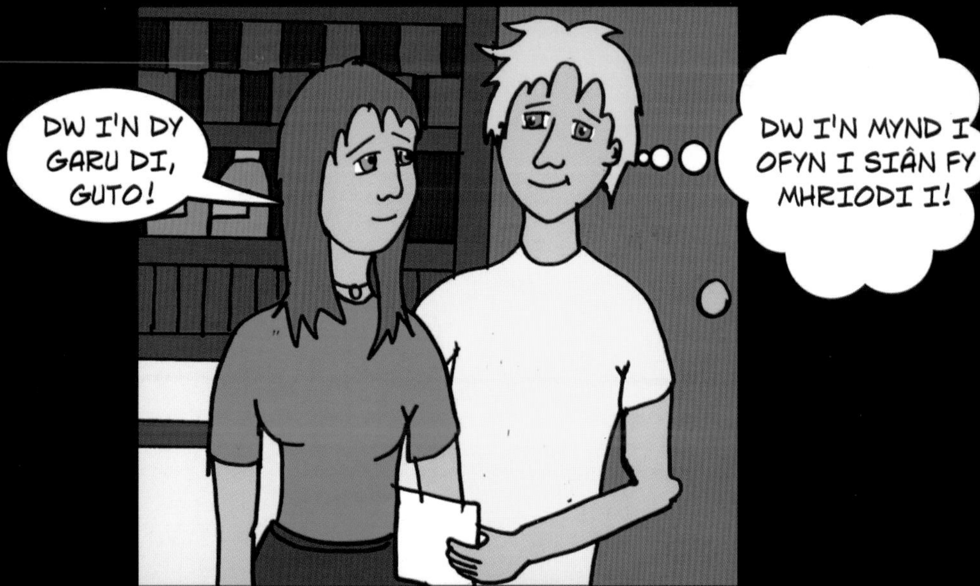
DW I'N DY GARU DI, GUTO!
DW I'N MYND I OFYN I SIÂN FY MHRIODI I!

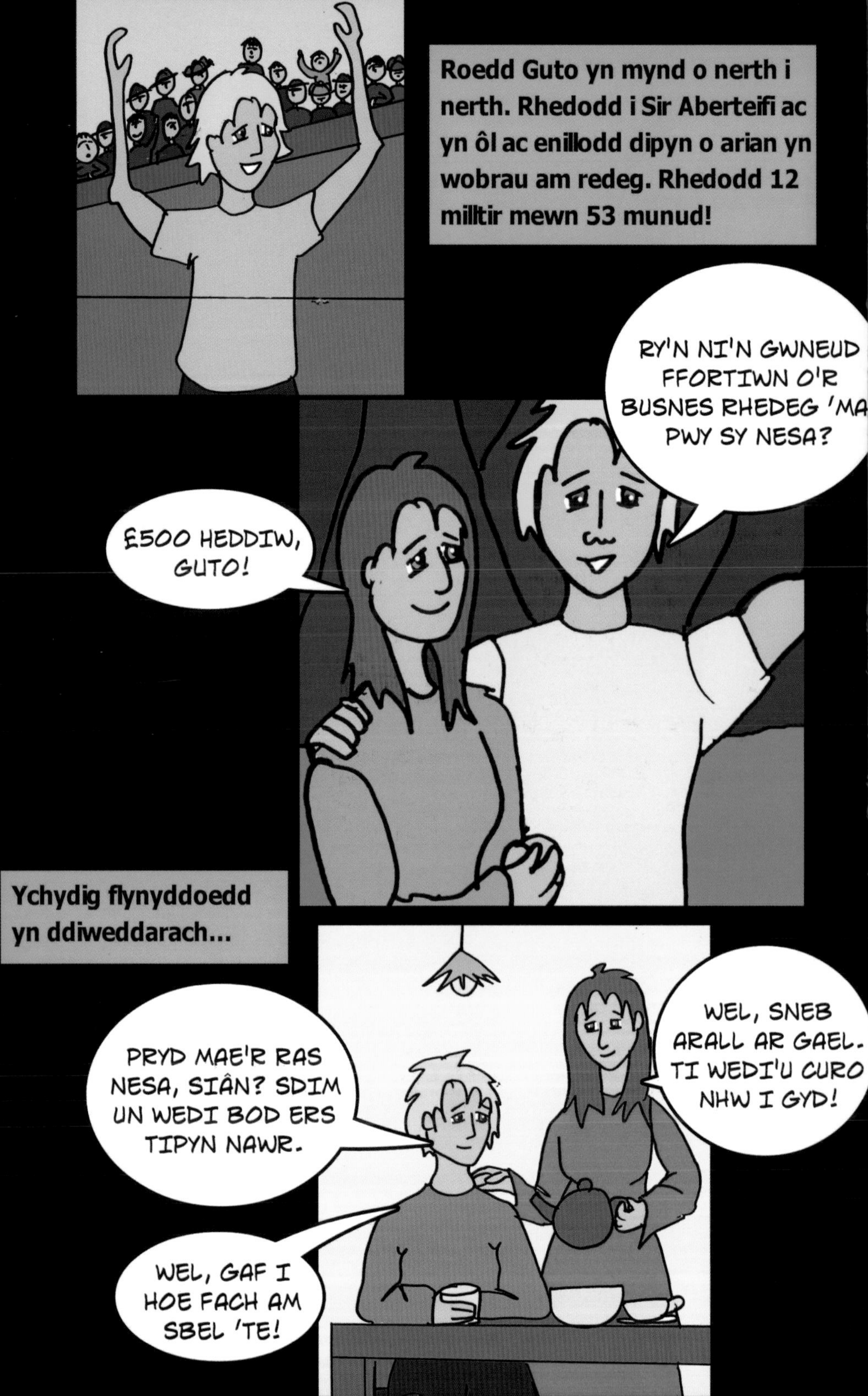
Roedd Guto yn mynd o nerth i nerth. Rhedodd i Sir Aberteifi ac yn ôl ac enillodd dipyn o arian yn wobrau am redeg. Rhedodd 12 milltir mewn 53 munud!
RY'N NI'N GWNEUD FFORTIWN O'R BUSNES RHEDEG 'MA PWY SY NESA?
£500 HEDDIW, GUTO!
Ychydig flynyddoedd yn ddiweddarach...
PRYD MAE'R RAS NESA, SIÂN? SDIM UN WEDI BOD ERS TIPYN NAWR.
WEL, SNEB ARALL AR GAEL. TI WEDI'U CURO NHW I GYD!
WEL, GAF I HOE FACH AM SBEL 'TE!

Ond, darllenodd Siân hanes diddorol yn y papur newydd un diwrnod.

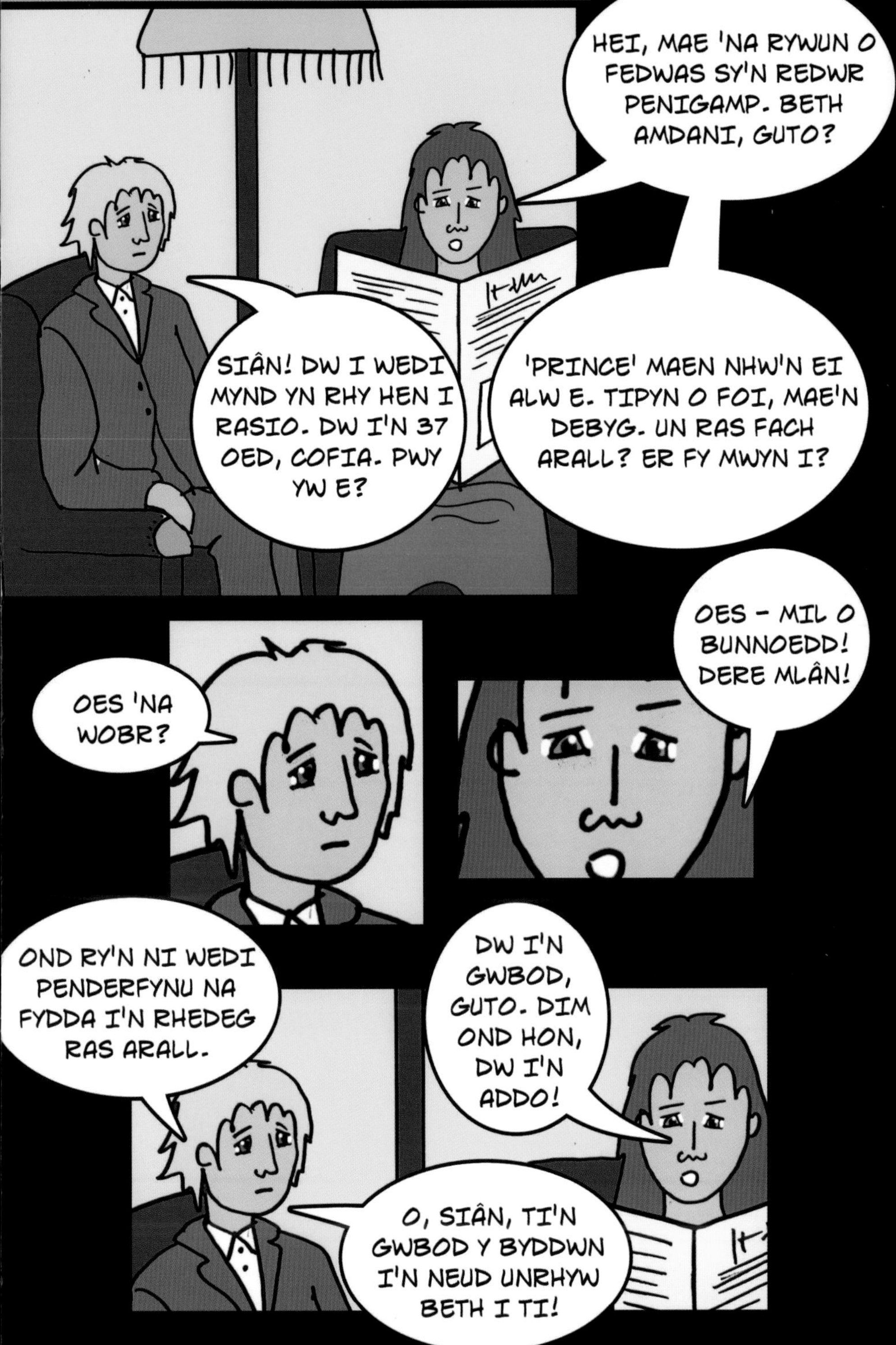
HEI, MAE 'NA RYWUN O FEDWAS SY'N REDWR PENIGAMP. BETH AMDANI, GUTO?
SIÂN! DW I WEDI MYND YN RHY HEN I RASIO. DW I'N 37 OED, COFIA. PWY YW E?
'PRINCE' MAEN NHW'N EI ALW E. TIPYN O FOI, MAE'N DEBYG. UN RAS FACH ARALL? ER FY MWYN I?
OES 'NA WOBR?
OES – MIL O BUNNOEDD! DERE MLÂN!
OND RY'N NI WEDI PENDERFYNU NA FYDDA I'N RHEDEG RAS ARALL.
DW I'N GWBOD, GUTO. DIM OND HON, DW I'N ADDO!
O, SIÂN, TI'N GWBOD Y BYDDWN I'N NEUD UNRHYW BETH I TI!

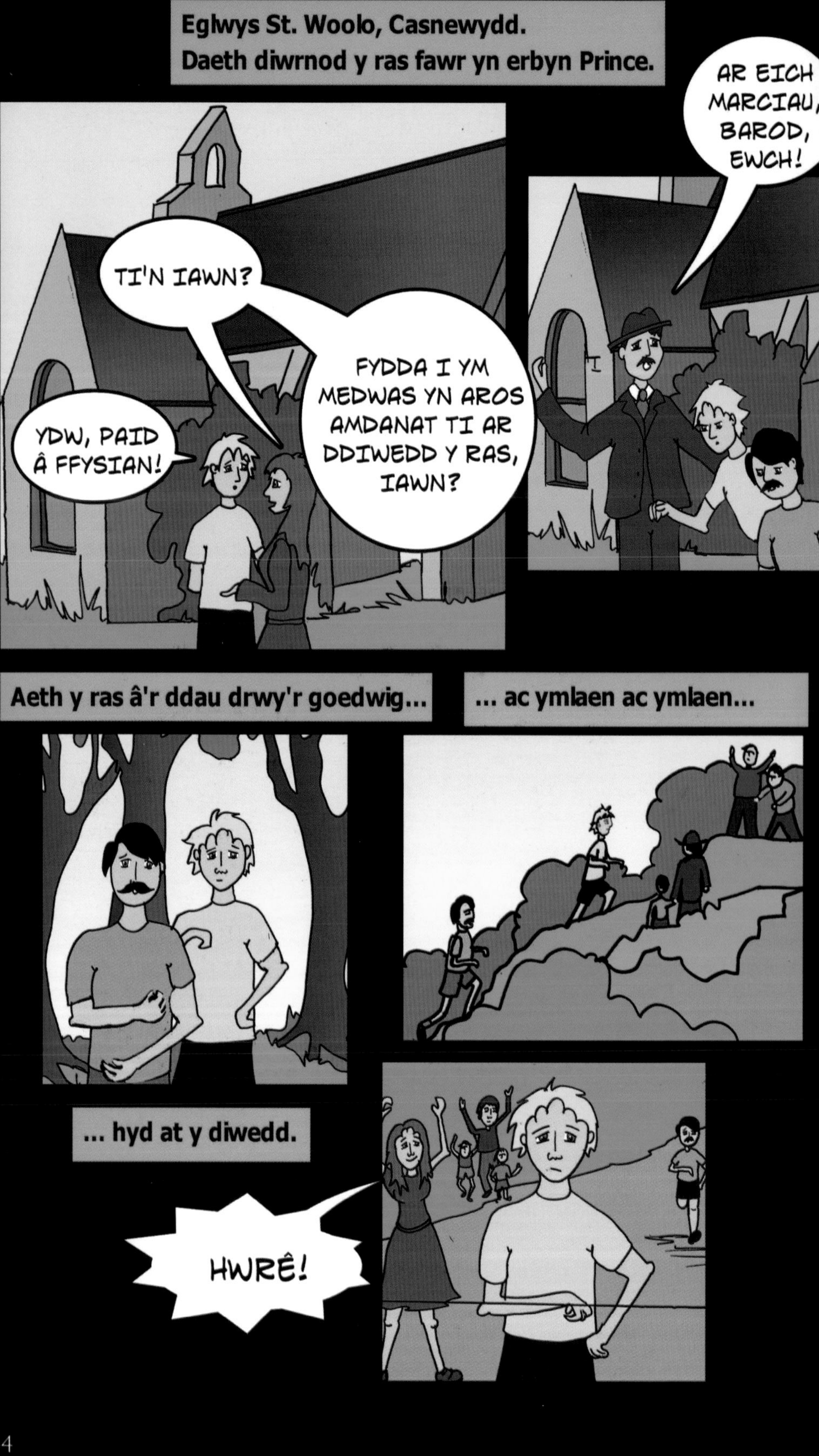

Eglwys St. Woolo, Casnewydd.
Daeth diwrnod y ras fawr yn erbyn Prince.
TI'N IAWN?
YDW, PAID Â FFYSIAN!
FYDDA I YM MEDWAS YN AROS AMDANAT TI AR DDIWEDD Y RAS, IAWN?
AR EICH MARCIAU, BAROD, EWCH!
Aeth y ras â'r ddau drwy'r goedwig...
... ac ymlaen ac ymlaen...
... hyd at y diwedd.
HWRÊ!

Daeth pawb at Guto a'i longyfarch ar ras wych. Ond doedd dim golwg dda iawn ar Guto.

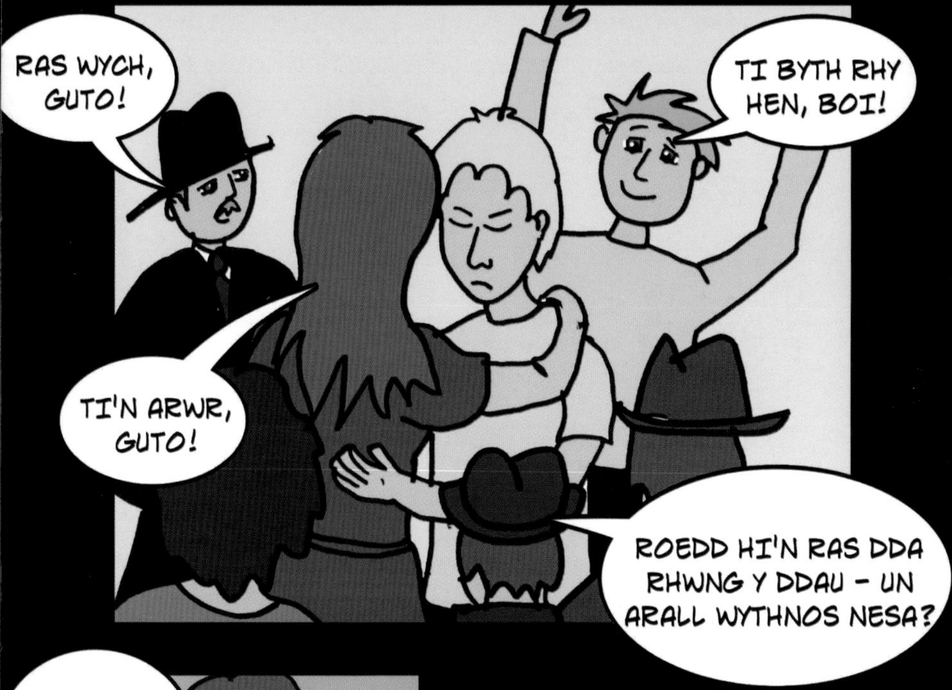
RAS WYCH, GUTO!
TI BYTH RHY HEN, BOI!
TI'N ARWR, GUTO!
ROEDD HI'N RAS DDA RHWNG Y DDAU - UN ARALL WYTHNOS NESA?

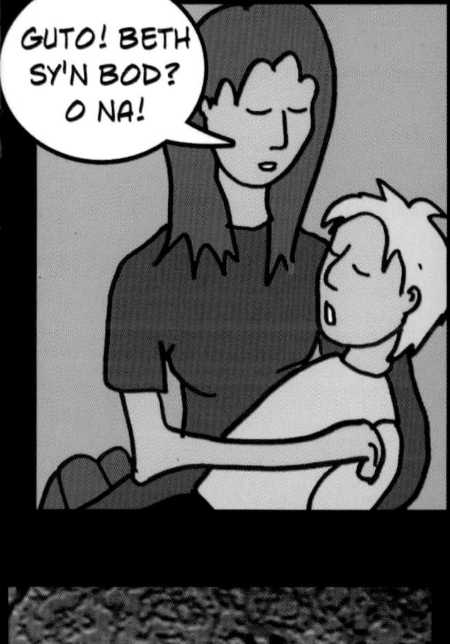
GUTO! BETH SY'N BOD? O NA!

A bu farw Guto ym mreichiau Siân, yn 37 oed.

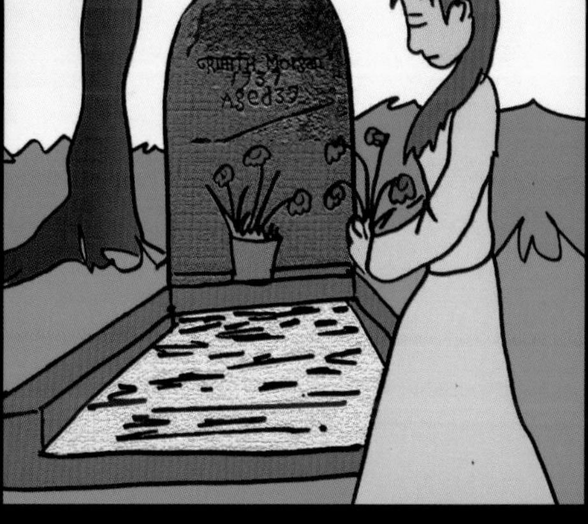

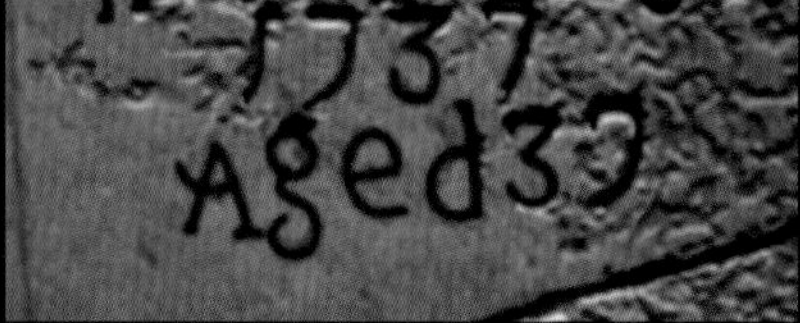
GRIFFITH Morgan
1737
Aged37

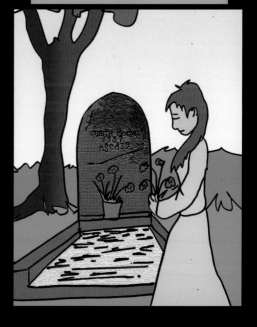

Ras Nos Galan

Ers 1958 mae ras wedi cael ei chynnal yn Aberpennar bob nos Galan i gofi gampau Guto Nythbrân. Mae 3 milltir yn dilyn rhan o gwrs ras gyntaf Guto.

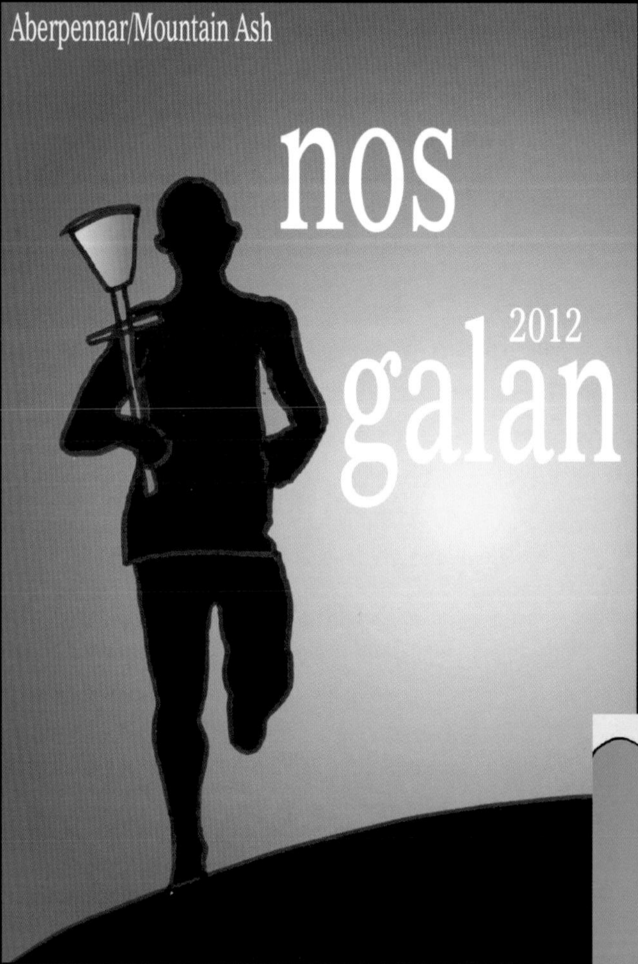

Aberpennar/Mountain Ash
nos
2012
galan

Yn 2009 rhedodd 800 y ras ac roedd 10,000 o dorf yn gwylio.

Mae rhywun enwog o'r byd chwaraeon yn cael gwahoddiad arbennig i redeg bob blwyddyn ac mae ei enw yn gyfrinach tan y funud olaf. Shane Williams oedd yno yn ras 2011.

Mae digwyddiadau'r dydd yn dechrau yn y prynhawn gydag adloniant ar y strydoedd a rasys i blant. Yna mae gwasanaeth yn yr eglwys cyn rhoi torch o flodau ar fedd Guto. Mae fflam yn cael ei chynnau a'i chario i Aberpennar lle mae'r ras fawr yn dechrau, fel yn y Gêmau Olympaidd. Mae'r ras yn gorffen yn Oxford Street, Aberpennar, lle mae cerflun o Guto.

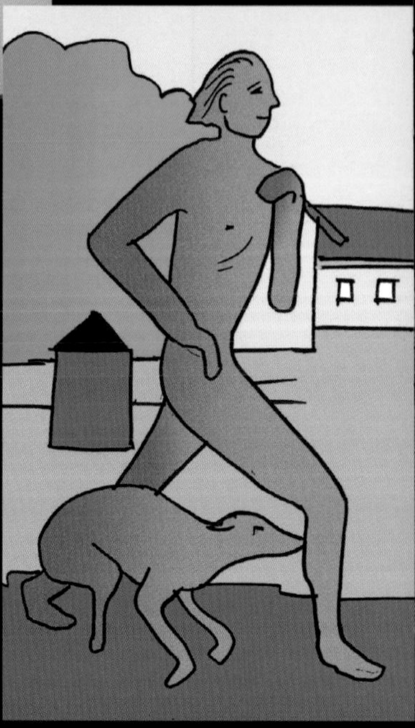

FFEITHIAU GWIRION, GWALLGO A GWIR!

CYFLYMAF

Rhedeg Marathon (tua 26 milltir):
Patrick Makau Musyoki o Kenya
mewn 2 awr a 3 munud!

Reidio beic o gwmpas y byd
(118,400 milltir):
Marc Beaumont mewn 195 diwrnod.

Rhedeg milltir:
Hicham el Guerrouj o Moroco
mewn 3 munud a 43 eiliad!

Rhedeg 100m:
Usain Bolt o Jamaica mewn 9.58 eiliad!

UCHAF

boing!
boing!

Bownsio milltir ar gefn
Space-Hopper:
Ashrita Furman mewn 13
munud!

Dringo mynydd uchaf
y byd (Everest):
Apa Sherpa o Nepal –
wedi cyrraedd y copa
21 o weithiau!

Naid uchel:
Javier Sotomayor o
Giwba – 2.45m

Naid uchaf gan gi: 1.72m

CRYFAF

Dyn cryfaf y
byd (World's
Strongest
Man 2011):
Brian Shaw o
America.

Cario Pwysau:
Vasily Alekseyev – cyfanswm
o 645kg ar ôl 3 chynnig.

Clust cryfaf:
Lasha Pataraia
o Georgia yn
tynnu
hofrennydd
gyda'i glust!

AAWW!

MORIO!

S.S. TITANIC

BARTI DDU

...oned Glyn

Neath Port Talbot Libraries

1					
2					
3					
4					
5					
6	5/15				
7					
8	4/18				
9					

...dref